60歳からを楽しむ生き方

フランス人は「老い」を愛する

元外交官
賀来弓月

文響社

はじめに

本書をお手に取っていただき、ありがとうございます。

私は、フランスのカトリック女子修道会の老人ホームのボランティアをする中で、多くのフランスの高齢者たちとの出会いがありました。その経験を通じて『年を重ねることが私たちの人生を豊かにする』という心境にいたることができました。この本では、フランスの高齢者から教わった「老いを生きる喜び」についてお話ししたいと思いますが、その前に、これまで私がどのような人生を送ってきたか、そのことについて少しお話ししたいと思います。

私は退職するまでの40年近く、外交官として、英国、スイス、ブラジル、米国、デンマーク、タンザニア、イタリア、カナダ、インドなど、さまざまな国に勤務しました。外交官は、各国にある日本の大使館や、総領事館、国際機関代表部（これらをひっくるめて在外公館といっています）に勤務しながら、日本政府と駐在国や国際機関との間の「橋渡し」の仕事をします。

具体的にどんなことをするかといえば、駐在国の各界の要人と接触して、その国の政治や経済、軍事、治安などに関する情報を収集して日本政府に報告します。また、日本と駐在国との間に問題が発生した場合には、外交交渉を通じて解決します。駐在国の世論の動向を把握するために、毎日綿密に現地の新聞やテレビの報道をチェックします。開発途上国に勤務する場合には、政府あるいは現地のＮＧＯ（非政府組織）に対する経済技術援助の供与という仕事も加わります。

そして、訪問する日本の要人の世話（アテンド）も重要な仕事になります。例えば、天皇陛下の外国ご訪問がある際には、外交官は非常に神経をつかいます。ご訪問先を手配するだけでなく、警備はもちろん、陛下からのすべてのご質問に答えられるように万全の準備をしなければなりません。昭和天皇がニューヨークをご訪問されたときには、お通りになる路上から見えるすべての建物、樹木、銅像、宿泊されるお部屋から何が見えるかなど入念に事前チェックしたのを覚えています。

外交官の仕事の中には、特に緊急を要するものもあります。例えば、外国でパスポートを失くしたり、事件や事故に巻き込まれたりした邦人の保護は、日常茶飯事。トラブルが発生すれば、現地の警察官との折衝や日本の家族と連絡を取るなど、問題処理のために奔走します。海外で死亡した人々の家族のために葬儀の手配をすることも珍しくはありませんでした。

このように現役時代には、私は朝から晩までめまぐるしく働いていたように思います。トラブルが発生したら、深夜でも家を飛び出すような日々。日本との時差もあって、「一日24時間の勤務体制」でした。そんな毎日の中で、結局、私自身は父母の死に目に会うことも葬儀に出席することもできませんでした。

外交官というと、さまざまな「華やかなイメージ」をもたれる人もいるかもしれません。しかし、そのようなイメージの多くは、おそらく映画やテレビなどから生まれた虚像でしょう。たしかに、駐在国の各界の指導者との交流を深めるために、毎日のように昼食会、レセプションや晩餐会などのパーティに出席しました。同じ時間帯にいくつものパーティが重なることもありました。そのため、15分だけ顔を出して、次の会場に移動するということも少なくありませんでした。こうした社交行事は原則として夫人同伴ですから、私たちの3人の子どもたちには、両親のいない夜を過ごさせてしまうことが何度もありました。子どもたちにはずいぶん寂しい思いをさせていたのは間違いありません。大人になってから話を聞きましたが、3人でベッドの中でたがいにしがみついて泣いていた日もあったそうです。

しかし、決して私たちだけが特別だったわけではないと思います。

「ワークライフバランス」も「働き方改革」もない時代、読者のみなさん、あるいはパートナーの方の中には、職場での過大なノルマの要求、派閥争い、学閥、同僚との競争、差別、パワハラなど、さまざまなストレスを経験された人もいらっしゃることでしょう。

そんな時代と社会に生きながらも、私たちの世代は、日本の発展と家族の幸せのために、必死に仕事に励んできたように思います。それは誇っていいことです。

ただ、私自身は仕事に全力投球しながらも、自分の生き方についていろいろと考えることもありました。例えば、赴任した国々では、日本では考えられないような貧困に生きる人々を目撃し、仕事に追われながらも、ときには「贅沢」に恵まれることもある自分の日々の生活に「同じ人間としての良心の呵責」みたいなものを感じたこともありました。

そして、年を重ねるに従い、恵まれない人々や社会の弱者である人々の痛みを感じることができる「低い目線」をもっと大事にするようになりました。

自分の生きる道は、ただ「外交官生活」に浸りきることではなく、もっと社会的弱者の目線で、物事を考え、行動することではないか。そんなことを考えるようになったのです。

そんなときに、インド各地で貧しい高齢者たちのために老人ホームを運営しているフランスのカトリック女子修道会『貧しい人たちの小さな修道女たち（Les Petites Sœurs des Pauvres）』との深い縁ができました。そして、私は個人の資格で毎週末に朝から晩までその老人ホームでボランティア活動をするようになったのです。そのことに自分でも驚きを感じました。インドでのボランティアは2年ほど続きました。

外務省を退職後、今度は修道会の本部のあるフランスでボランティアを再開し、毎年、2ヶ月以上フランスに滞在しました。寝泊まりするのは、老人ホームの敷地内にある女子修道院の一角です。フランスでの私のボランティアは２００６年から10年間続きました。

自分が奉仕活動をしているということは、もともと他人に吹聴すべきことではないと考えていましたし、日本においてはフランスの高齢者を取り巻く環境やカトリック女子修道会の活動などは余り大きな興味の対象にならないかもしれない。そんな気持ちも少しはあったせいか、私は自分のしていることを他人に口外することはありませんでした。

しかし、私に思いがけない出来事が起こります。76歳のとき、医師からがんと診断されたのです。病気の治療のために、もうフランスには行けなくなりました。フランスの老人ホームでは、多くの高齢者たちの臨終に立ち会い、見送ってきましたから、「人間には寿命がある」ことは十分に理解しているつもりでした。しかし、がんの宣告を受けて、自分の「命の期限」を感じさせられると、「とうとう自分にもその時がやってきたのか」と寂寥たる気持ちになりました。

そんな時に私の心の中に生まれたのは、「死ぬ前にフランスでの経験を書き遺しておきたい」という思いでした。

フランスには老いを「人生の実りと収穫の秋」と考える文化があるからでしょう。

フランスでは年を重ねても（あるいは年を重ねたからこそ）生き生きと毎日を過ごしている多くの高齢者たちに出会いました。一般的に、フランス人は定年退職や引退を楽しみにして生きています。そして、30代、40代という若い時代、あるいは遅くても50代の初めから、その準備にとりかかります。そのことについても日本との違いを感じました。

さらに、日本で一般的にイメージされている通り、フランス人には、おしゃれや美食や性愛を、生きるときの大きな喜びと考える国民性があります。そうした楽しみをフランス人は80歳になっても90歳になっても断念しようとはしません。フランスの高齢者たちは人生の最後まで生きることを楽しもうとします。

もちろん、フランスの高齢者たちも、老いの時期には、病気や孤独感や金銭の不安などを感じ、悩むこともあります。しかし、フランス革命の「自由・平等・博愛」の精神に生き、徹底した個人主義者で合理主義者であるフランスの高齢者たちは、自分の境遇を他者のものと比較して、悲観したりやっかみを感じたりはしないのです。自分よりももっと恵まれない人々のことを常に忘れない心の余裕というか心の優しさがあるからです。

さらに、フランスの高齢者たちは、実に率直に自分の心の内を信頼できる他者に語ります。「老いの孤独に苛まれている」といったことを、初対面で外国人の私にも素直に吐露し、心を通わせることができるのです。

「自分の老いを愛する」フランスの高齢者たち。いつまでも自立した人間として生きる幸せを追求し続けるフランスの高齢者たち。その生き方や精神性には、私たち日本の高齢者も、学ぶところが多いのではないでしょうか。

読者のみなさんの中には、老後を前にして、あるいは老後を生きながら、あれやこれやと不安を感じておられる人も少なくないかもしれません。

そのようなみなさんに、心穏やかに、威厳をもって、楽しく年を重ねていってほしいという私のささやかな願いを込めてこの本を書きました。
日本の高齢者仲間のみなさんに何かの参考になれば、幸いに思います。

さて、第一章に入る前に、フランスの高齢者たちが、よく口にし、老いを生きるフランスの人々の精神（マンタリテ）をよく表現しているいくつかの諺や格言をご紹介しておきたいと思います。いずれも老いを賛美する言葉ばかりです。

第一に、「La vie est belle」という言葉です。日本語に直訳すると「人生は美しい」ですが、フランスの高齢者たちは、「人生を美しいものにしよう」と自分たちを鼓舞する呼びかけにも使っています。

第二に、「一番よいスープができるのは古い鍋の中である」（C'est dans les vieux pots

qu'on fait la meilleure soupe）という老いを賛美、自負するフランスの諺です。

第三に、「古いかまどは新しいかまどよりも温めやすい」（Un vieux four est plus aisé à chauffer qu' un neuf）という諺。これも古い鍋の諺と同様、老いを誇るものです。

第四に、「絹地を裁断するのに古いはさみに優るものはない」（Il n'est rien comme les vieux ciseaux pour couper la soie）という諺。高齢者の人生経験は、繊細さを要するあらゆる仕事をするときに、最も効果的な道具になるという意味です。高齢期を生きていく人たちの長い間の経験に基づく優れた感覚や才能を賞賛する諺です。

前置きが長くなりましたが、最後までお付き合いよろしくお願いします。

目次

第2章
「孤独感」を和らげるフランスの高齢者たちの暮らし……55

第3章
心豊かに生きるフランス人の精神性（マンタリテ）……117

第4章 老いて家族の有り難さを見直す……157

第5章
老いの試練を受けながらも人生を最後まで楽しもう……195

第1章

老後を楽しみにする
フランス人、
老後に不安を覚える
日本人

老いは「人生の実りと収穫の秋」

フランスの高齢者たちは、よく人生を「一年の四季」にたとえます。ひとは春に生まれ春、夏、秋を生き冬に死ぬという考え方です。そして高齢期を「秋」と考えます。フランスの諺に「**老いは熟した果実である**」(La vieillesse est un fruit dans sa maturité) というものがありますし、ローマ教皇ヨハネ・パウロ二世（１９２０－２００５）も高齢期を「**人生の実りと収穫の秋**」と形容しました。フランスでは、神父や修道女がよくこの言葉を口にしていました。

私はあるとき、リヨンの老人ホームに住んでいたある老神父に「高齢期を実りと収穫の秋にするためには、高齢者はどんな生き方をすればよいのか」と尋ねたことがあります。神父は静かに語りました。

「人生の秋の実りと収穫は、定年後の高齢期に最終的に達成できる人間としての成熟度です。

現役時代にはあったかもしれない権力欲、名誉欲、虚栄心などから自分を完全に解放する。そして、『**人を愛し、人に愛される**』淡白で、謙虚で、善意に満ちた、心穏やかな人間になるようにつとめる。職場での競争や上下関係から解放される定年後には、それができるようになります。

定年退職後の高齢者たちの境遇はさまざまです。しかし、自分を他人と比較して、他人を羨んだり嫉んだりするのは高齢期をさもしくさせ、不幸にするだけ。過去に味わった不運や挫折や苦しみは、心のもちかた次第で、定年後を生きるときに役に立つ貴重な人間的資産となります。

人間は、誰しもが高齢期にさまざまな『老いの試練』を受けます。それらは、社会に居場所をもたなくなったという喪失感や、金銭的な心配、病苦や健康不安、孤独感、死別の悲しみ、苦しい過去の記憶などです。誰もがまず感じはじめるのは心身機能の衰えでしょう。人生を楽しく生きようとしている楽観主義者のフランスの高齢者だって同じです。しかし、もっと深刻なのは、生きる心が折れてしまうことです。高齢者はしばしば『意味の危機』といわれるものに襲われることがあるのです。意味の危機、それは『私が生きていることにどんな意味があるのだろうか』という極めて危険な自問自答です。そのようなときには、家族や友人や医療専門家、私たち宗教関係者などの支えが必要になるでしょう。

その**『意味の危機』を乗り越えて、人生の実りと収穫の秋を生き抜くには、日常生活のごくあたりまえのことに生きる喜びを感じるようにする**ことです。そして、感謝の気持ちと忍耐と威厳をもって、心穏やかに『最後の時』を迎えるのです」

一般的に、フランスの高齢者たちは、定年後の生活に楽しい夢と希望を託しているという印象を私は受けました。これに対して、私たち日本の高齢者の間には、「老いの試練」を心配しすぎて、高齢期について悲観的なイメージをもつ人が多いのではないでしょうか。

老いを肯定的に捉えるフランス人の姿勢は、若い頃の生き方からも垣間見ることができます。多くのフランス人は定年退職後の生活を非常に楽しみにしています。そして、自由を満喫できる定年後のために、あらかじめ多様な人生設計を立てます。早い段階（30代、40代）から周到な準備をはじめるのです。そのため、現役時代の生活と退職後の生活の間に大きな落差が生まれません。また、心身機能の大幅な低下でもないかぎり、「定年後に急に老ける」ということはないとフランスの高齢者たちはいっていました。

私たち日本の高齢者にとっても、いつまでも溌剌と元気でいたいという思いは変わらないはずです。そこで以下では、私がフランスの多くの定年退職者や高齢者から感じとった定年後や老後を充実させる生き方の「知恵」を紹介したいと思います。

老いは熟した果実である

La vieillesse est un fruit dans sa maturité.

老後になっても「人生は美しい」(La vie est belle)と叫び続ける

フランス人は「人生は美しい」(La vie est belle)という言葉を、実によく口にします。高齢者とて例外ではありません。

フランス人が「La vie est belle（ラ・ヴィ・エ・ベル）」と叫ぶときに込める思いは、「**人生を思い切り楽しもう**」「**生きる喜びを精一杯享受しよう**」「**人生を楽しく有意義なものとするために、自分自身で考え、自分独自の道を切り拓こう**」というものでしょう。フランスの高齢者は老いを賛美するためにこの言葉を発するのです。

同じ精神を表すものとして、世界的に有名なフランスのシャンソン歌手エディット・ピアフ（1915−1963）が歌った『バラ色の人生」（La vie en rose）』という有名な曲があります。

「人生は美しい」と『バラ色の人生』には、フランス人の美しく、楽しく生きようという強い思いが込められているといえるでしょう。

この両方の言葉は、フランス人にとって、生きることに希望を失いかけている自分に対する戒めと、生きることに希望を失いかけている他者に対する勇気づけとして使われます。生を享《う》けた時から、命を失うその日まで、人生を思う存分楽しむ。それがフランスの人々の前向きな人生哲学の中核になっているのです。

年老いた現在、私はフランスの高齢者がこの言葉を発するのを耳にするたびに、若い頃とは違った不思議な感動を覚えるようになりました。その感動は老いを生きる喜びなのです。

一般的に、われわれ**日本人には「人生を思う存分楽しむという意識がやや希薄なように感じられます。**むろん、「定年後には、思いきり人生を謳歌するのだ」と意気込む現役世代の人は少なくありません。しかし、何かが欠けているような気もします。というのは、このような人たちの叫びには、退職して初めて人生を楽しもうとしていて、**〝今現在〟を楽しく生きることが犠牲にされている悲哀みたいなものが感じられる**からです。

老いて日本に落ち着き、人生の最後の日々を送るようになって、私はフランスと日本の間のこの際立った差をますます感じるようになっています。

日本では、「今現在を生きる楽しみの連続の先に、定年後や老後の楽しみがある」という当たり前のことがあまり意識されていないように思います。これは決して本人だけの責任ではありません。企業や官庁で、日本人の勤勉さや自己犠牲の精神に乗じるような労働文化（働き方）ができ上がっていたせいでもあります。働くことに一生懸命な状態から、突然定年を迎え、すぐに老後ののんびりした暮らしに切り替えるのは容易なことではありません。その意味では、多くのフランス人のように、現役時代の楽しみの延長線上に、老後の生活の豊かさを築いていくという方法には、大きな意味があるのではないかと私は考えています。

人生は美しい

La vie est belle.

自由を生きるフランス人

フランス革命の「自由・平等・博愛」の精神は、フランス人の生き方を支えています。**フランス人は徹底した合理主義者、個人主義者だ**といわれています。フランス人は**自由に考え、自由に行動し、自由に生きようとします**。人は人間としては平等だという強い意識をもっている一方、各自の個性というものを非常に大事にします。自分自身の幸せに価値を置き、どんな定年後を生きるか。それを決めるときも同じです。

しかし、**フランス人は個人主義者ですが、利己主義者でも孤立主義者でもありません**。フランス人は博愛主義者として社会の弱者の痛みを感じることができ、そうした人たちを支援するために行動しようとします。フランスの人たちはそういう生き方が自分自身の人生を充実させ、幸福にすると信じているのです。

「高齢期は自分自身であることの幸福を再発見する時かもしれない」（La vieillesse permet peut-être de retrouver le bonheur d'être soi-même）といったのは、フランスの著名な軍人エリ・ド・サン・マルク（１９２２－２０１３）です。

また、パリの老人ホームでボランティアをしていたある高齢者（元ソフトウエアエンジニア）は、「私の人生は『**生きることができる時間の長さ**』と『**生きている時間の使い方**』から成り立っています。**寿命は自分で決められませんが、人生の使い方は自分で決められます。**だから、元気なうちは支援を必要としている人たちの幸せのために働きたい」といっていました。この人は、定年直前に一時は医師も見放した治療が困難な病を患い、８ヶ月間の無意識状態から生還した人でした。

「自分の生き方は自分で決める」というフランス流の生き方。それは老齢により重篤な病に伏しているときでも同じこと。どんな治療を受けたいのか、何が自分の「生活の質」（Quality of life＝QOL）なのかなどを、自ら決め、家族や医師にはっきりと伝えます。看護者や介護者もそうした個人の尊厳ある生き方を大切にします。こうした配慮は、死期が近い状態にある人や認知症の人についても同じです。

フランスの高齢者たちがよく「**生きるために生きる。死を生きるような生き方はしたくない**」と口にするのを聞きました。「死を生きる生き方」。それは「ただ死を待つだけの無気力な生き方」のことです。自分というものを全力で生かし、生をまっとうしようとする。その覚悟に、フランスの高齢者たちの強く生きる精神を見る思いがしました。実際に10年にわたってフランスの老人ホームで働いている間に、私は、「もう死にたい」とつぶやく高齢者に出会ったことは一度もありませんでした。

日本には、他者を尊ぶというか他者に遠慮するというか、そんな文化があるように思います。「周りの空気を読む」という言葉が生まれることからもわかる通り、自分のしたいことを最優先に考えて行動しにくい雰囲気みたいなものがあります。

われわれ日本人も、自由を生き、自分で人生を決定するために、もう少し良い意味での個人主義者になってみてもいいのかもしれません。定年後の自由な時間の中で、「生きるために生きる」人生哲学を実践したいものです。

高齢期は
自分自身であることの
幸福を再発見する
時かもしれない

La vieillesse permet peut-être de retrouver le bonheur d'être soi-même.

フランスの高齢者の生活

フランスにおいても、老後の生き方は当然のことながらさまざまです。フランスでは、老後の生き方には、例えば、次のような要素が影響すると考えられています。（イ）過去の職業、（ロ）受けた教育、（ハ）知識教養レベル、（ニ）文化的な趣向、（ホ）老後用の資産、（ヘ）健康状態、（ト）過去の生活習慣、（チ）過去の苦い人生経験、（リ）価値観、（ヌ）適応能力・能力才能、（ル）老化の段階、（オ）定年退職の出発点の状況の違い、などなど。

でも、多くのフランスの高齢者は、定年退職後の生き方がこれらの要素によって自動的に決まってしまうことはなく、定年後を楽しく有意義に生きようとする気持ちが一番重要だといっていました。定年退職後といえども、いつでも生き方を変えることはできるし、事実、変えている人も少なくないのです。

ここでは、読者のみなさんにわかりやすくするために、あえてフランスの定年退職者、高齢者たちの生き方の実態を類型化してみようと思います。

① 転職・起業志向タイプ

定年退職後に新たな仕事を始めたり、起業したりする人たちです。追加収入を得るために第二の職に就くケースもありますが、やはり、自分の特殊な技能やこれまでの経験を生かしたいという思いから起業しているケースが多いようです。現役時代から「定年後には、こんなビジネスをしよう」と思い描き、周到に準備をしている人もいます。とはいえ、フランスでは定年退職後に転職や起業をするケースはあまり多いとはいえません。一般的にフランス人は、定年退職を心待ちにして、「これを楽しもう」とする傾向が強いからです。

②レジャー・文化活動志向タイプ

主に、レジャーや金銭消費志向のさまざまな活動に時間を費やそうとする人たちです。その活動範囲は広く、バカンス、旅行、クルーズ、観劇・音楽会、スポーツ（ゴルフ、テニス、ヨット、乗馬、ポロ、馬上狩猟、サイクリングなど）、別荘暮らしなどにおよびます。金銭的、社会的、そして健康に恵まれている人々の生活スタイルといえるでしょう。特に定年退職直後の老いを感じにくい時期には、そのような生き方をする人が多いようです。

③社会参加・政治参加志向タイプ

社会と政治の問題に積極的に関わり続けようとする定年退職者や高齢者のことです。慈善事業や主義主張のための運動や活動に関与したり、人権、高齢者の権利、子どもの権利、動物保護、環境問題、社会的弱者・マイノリティに対する支援などに大きな関心を持っています。自分の能力や才能をフル活用して、自分たちの生活に意味を与えようとします。人々の間《ま》の分かち合い、連帯、相互扶助、社会奉仕を自分たちの大事な価値観にして、定年後を生きたいと思っています。傾向として中間所得層に多いようです。

④家族本位タイプ

「家族がすべて」という価値観の生活をしている人たちです。親の介護、子ども・孫の世話、家屋の保守などが生活の中心になります。傾向としては、専業主婦をしてきた女性などに多いといえるでしょう。親の介護や孫の世話などが発生する世代でもあるので、家庭内の仕事に忙殺されているともいえる人たちです。

フランス人が人生を楽しむ術を心得ているといっても、以下のようなさまざまな理由で生きる充実感をもてない生活を送っている人々もいます。

⑤自宅引きこもりタイプ

社会にまだ関心を持っているが、どちらかというと出不精で、一日中ラジオを聞いたり新聞・雑誌や本を読んだりテレビを見たりして過ごし、その他の活動をほとんどしない人たち。中間所得層以上の人たちの間にも少なくありませんが、定年退職の直後からこのような生活パターンに陥る低所得層の人も多いと聞きました。

⑥社会的死を生きるタイプ

フランスには、「Mort sociale（社会的死）」を生きる人々がいます。「食べて寝る」だけの生活で、その他の活動や将来の計画などはない人たちです。単純労働者だった人たち、十分な教育を受ける機会のなかった人たち、自立生活機能の衰えている人たち、病気や生活に疲弊している人たちが多いと聞きましたが、組織の幹部職員だった人でも挫折を経て自暴自棄により生きる気力を失っている人もいるといいます。

⑦社会的孤立タイプ

社会的に孤立している人、独り身の人、非常に高齢で自立生活機能をかなり失って外出があまりできない人、重度の心身障害者。貧しく社会的孤立を余儀なくされている人たちの間に多いタイプです。

⑧路上生活者タイプ

老後、路上生活者として生きることを余儀なくされている人々。フランスの都市部の路上生活者の間には、高齢者も結構目立ちます。

自分の能力や才能を
フル活用して、
自分たちの生活に
意味を与える

老後は準備が9割!?

近い将来に定年退職することを意識しながら働いている日本の人々の中には、定年後が楽しみだと思う半面、不安を感じている人も少なくないでしょう。これに対して、フランスの人たちは定年退職を非常に楽しみにしています。

日仏のこの違いは、ひとつには定年退職後を生きるための準備状況から生まれているのではないかと私は思います。一般的に、**フランス人は、30代、40代という現役時代の早い段階から周到に定年後の生活の準備を始めます。**

ところが、日本では、現役時代の終了間際になっても、定年後の生活設計ができていない人が少なくありません。フランスの状況を知って、私は**日本では定年後に向けた助走期間をもっと長くする必要がある**のではないかと思うようになりました。定年後を本当に楽しく生きることができるようにするための準備は、「家を建てて、貯金をする」ことだけではないからです。

スイスの小説家・政治家ジャン＝ルイ・モレ（1781－1861）は、「仕事が幸福な老後を準備する。いずれにしても、そのような老後は思い出の豊かなものになるであろう」（Le travail prépare une vieillesse heureuse; dans tous les cas elle sera riche de souvenirs）といっています。

他方、フランスには「人は若いときに習慣になったことを老いたときに行うものだ」（Ce qu'on a accoutumé dans sa jeunesse, on le pratique dans la vieillesse）という諺があります。さらに、フランスのドルドーニュ地方の諺に「老いたときのパンは若いときにその粉が練られる」（Le pain de la vieillesse se pétrit dans la jeunesse）というのがあります。現役時代の生き方は定年後の生き方に影響を与える要素なのです。

準備は、遅くとも定年退職の5年くらい前から始めるとよいかもしれません。準備移行期間として、働きながら、それまでの日常の生き方をだんだんと変えていくのです。

それでは、フランスの人たちの定年後のための準備にも触れながら、①貯蓄、②健康、③趣味・活動、④家族・友人、⑤感受性というカテゴリに分けて、定年後の生活のためのスムーズな準備を考えていきたいと思います。

①貯蓄

楽しみを削るのではなく、無駄な出費を省く。これが堅実なフランス人の生き方です。一定の貯金を持っておくことが老後の安心につながると考える点では、フランス人も日本人も同じ。でも、フランスの人たちは「貯金のための貯金」をするようなことはしません。

フランス人が少し無理をしても貯金をはたくのは、「田舎暮らし」のための「第二の住居」（Résidence secondaire）の購入です。カンヌ、ニースなどの風光明媚な南仏に、別荘（Villa）を持つのは富裕階層。都会のアパルトマン暮らしをする中間所得層は、田舎の古い農家や納屋などを割安で買って、これをもっぱら日曜大工仕事で、快適な住居に改修します。現役中に、週末やバカンスを利用して改修し、定年退職後には、生活の中心をそこに移す人が多い。豊かな自然と陽光を楽しむ老後生活を楽しむためです。

②健康

「老いについてよく理解すれば老年期は希望の年代になる」（La vieillesse bien comprise est l'âge de l'espérance）といったのは文豪ビクトル・ユーゴ（1802－1885）です。誰も時の流れには逆らえません。一年一年確実に年をとっていきます。しかし、そのことがきちんと理解されていれば、どう対処すればいいかが見えてきます。希望に満ちた老後を過ごすこともできるはずです。

年とともに、体力も精神力も低下していきます。現役時代から心身を鍛えるように意識的な努力（運動など）をすれば、老後を健康に過ごすことができます。本人の努力次第で、定年後の生活を生き生きと過ごすことができるのです。

フランスでは、日本と同様に、最近健康志向が非常に高まっており、現役時代から日常的に体を動かすことに留意する人が多くなりました。都会でも田舎でも自分の住んでいる周囲の自然環境の中で、無理なくウオーキングやジョギングやサイクリングなどをする運動習慣を身につけるのが一般的になっているのです。

多くのフランス人が、「若いときの健康だけが良い老いを可能にする」（Une jeunesse saine peut seule procurer une bonne vieillesse）というフランスの諺（元々は古代ローマの諺らしい）を肝に銘じながら、健康な体作りと体力作りに励んでいました。

③趣味・活動

私の出会ったフランスの高齢者たちは、現役時代から、できるだけ多くの趣味を持ち、多くの活動に参加するよう心掛けていたといっていました。どんな趣味・活動かといえば、例えば、音楽や絵画の鑑賞、チェス、旅行、スポーツ、社会奉仕などです。

そして、現役時代が終わりに近づく時期には、定年退職後の予想される生活環境(例えば、金銭的余裕など)に合わせて、趣味や活動の範囲を絞り込んだり優先順位を変更したりするのです。

趣味は、個人で楽しむだけでなく、地域コミュニティの同じ趣味を持つ人々の団体に所属できるというメリットもあるでしょう。そうすることで、高齢期にありがちな孤独感を和らげることができるのです。フランスの高齢者たちの間には、老いを共に楽しく生きることができる新たな友人を得ることを主要な目的にして、優先的な趣味を決めている人が多かったように思います。

④ 家族・友人（職場以外の友人を持つ）

家族は、定年退職者の最も大切な居場所になります。フランスの人たちは、原則として、成長した子どもと同居することはありません。それでも、家族の間の絆というものを極めて大事にしています。

また、フランスには「友情の最良の時代は老いの時だ」（Le plus bel âge de l'amitié est la vieillesse）という諺があるように、友人との絆を一生のものとして大事にしています。この精神は、「古くからの友情は錆びる心配がない」（Vieille amitié ne craint pas rouille）という諺にも表れています。

フランスでは「友人は人生を生きていくときの重要な人間的資産」であると考えられているのです。そのため、フランス人は学校や職場時代の友人を大事にしますが、それ以上に日常生活の社交活動で得た友人たちを大事にするのです。フランスには日本と違った社交文化があります。それは友人を夫妻で自宅に招待するというホームパーティの文化です。「パーティ」といっても、日本でイメージするような豪華な料理が並ぶものではありません。普段の食事に近い料理で友人を夫妻でもてなすのです。

フランスの人たちは「家に招待して交際する関係」と「レストランなどに招待して交際する関係」の違いをはっきりと意識しています。その差は「親しさ」の程度にあるのです。**フランスでは、どんな形でも「家に招待することが最高のもてなし」とみなされている**のです。コーヒーとビスケットだけのときもあります。

また、フランス人は、高齢期にひとり暮らしをしている友人をひとりにしないよう心がけています。ひとり暮らしの友人の家をたずねたり、自分の家の食事によんだりするのです。特にひとり暮らしの人々が最も孤独感を深めるクリスマスの日には、絶対にひとりにしないように配慮します。「古い愛情と古い燃えさしの薪は、どの季節（年代）であってもぱっと火がつき燃える」（Vieilles amours et vieux tisons s'allument en toute saison）という諺は、元々は男女間の色恋についていったものらしいですが、今ではあらゆる友愛に関して、広く言及されるようになっています。

一方で、日本の高齢者、特に男性の「交際事情」はそうはいかないようです。昔の職場での人間関係が希薄になると、交友関係が一気になくなっていく傾向があるのです。今、そんな寂しさを予感している人は、定年退職後でも遅くはありません。地域コミュニティの趣味の会、勉強会、ボランティア活動などに参加して、高齢期をともに生きる新しい友人を見つけることをお勧めします。

⑤感受性

日常生活のささいな出来事に楽しさや美しさや爽快さを感じることができると、人生は生きる喜びに一層満ちたものになります。

定年後は、あらゆるものが新しく再出発を必要とするように感じられるかもしれませんが、人は定年退職しても、これまでの人生の延長線上にいるのです。現役時代の生き方が定年退職後の生き方に影響を与えるのです。

フランスには「若いときに怠けている者は年をとってから苦労する」（L'homme oisif en sa jeunesse peinera dans sa vieillesse）という諺があります。

さらに、定年後フランスのブルターニュ地方に定住し、最晩年をレンヌの老人ホームで暮らしていたあるスコットランド人は、スコットランドには「若い時代の生活をきちんとせよ。そうすれば老いたときの生活は自ずときちんとしたものになる」（Réglez bien votre jeunesse, et votre vieillesse se réglera d'elle-même.）という諺があるといっていました。

特に私が大事にしてほしいと思うのは、日常生活の「**当たり前のことがら**」「**小さなこと**」**の中に生きる喜びを見いだせる感受性を養うこと**です。死ぬまで海外旅行を大いに楽しみたいなどと意気込んでいても（可能であればもちろんそれも大変素晴らしいことですが）、体力と精神力は確実に衰えていきます。経済的余裕も次第に無くなっていくかもしれません。そのときに、いかに自分の身の回りの小さな出来事や自然をどれだけ楽しめるかが非常に重要になってくるのです。

例えば、周囲の小さな自然の中に美しさとさわやかさを感じる能力、人間同士のちょっとしたふれ合いに喜びを感じる能力、日常の仕事（家事、庭仕事、家庭菜園の維持管理、買い物）などに喜びを見いだす能力などがそれに当たります。老いはそういう感受性を高めるものなのです。**「老いの涙もろさ」は小さなことに感動できる繊細な感受性なのです。涙もろさは神仏が老いた我々に与える有り難い贈り物なのです。**

定年後のために現役時代の「今現在の生活」を犠牲にするのではありません。現役時代に「今現在の生活」を楽しみながら、精神面でも、健康面でも、物質面でも、能力の構築、感受性の育成という面でも、生涯の友人を作るという面でも、定年後に備える生き方をするのです。

古くからの友情は錆びる心配がない

Vieille amitié ne craint pas rouille.

第2章

「孤独感」を和らげるフランスの高齢者たちの暮らし

フランスでも高齢者の社会的孤立と孤独感は大きな問題

孤独死についての報道や定年後の高齢者の社会的孤立に関するドキュメンタリー番組をみて、自分の身を案じている人もいるかもしれません。こうした問題は日本だけのことではなく、フランスにおいても、高齢者、特に75歳以上の貧困な後期高齢者に該当する年齢層の社会的孤立は大きな問題になっています。

また、フランス人の多くは、日本人と同じように「老後は自宅で過ごしたい」と思っています。そのため、フランスでは、高齢者が自宅に暮らしながらも孤独感を和らげることができるようなさまざまな取り組みがなされており、老人ホームで暮らす高齢者は、高齢者人口全体の10％程度にすぎないそうです。

例えば、各種の在宅サービスの範囲の拡大、「限りなく在宅に近い」生活ができる地域密接型の小規模な老人ホーム（収容人数10人程度の高齢者共同生活施設）の拡充、市町村の厳格な認可と監督の下に一般家庭が原則ひとりの高齢者を受け入れ、サポートできる制度などです。

他にも、市町村の委託で運営される「家族団らん食堂」（Foyer-Restaurant）と呼ばれる高齢者用の食堂があります。ここでは、地域の高齢者たちが和気あいあいと一緒に食事をしながら、家族のような団らんを楽しんでいます。

孤独な高齢者の聞き役に徹する傾聴電話支援サービスや自宅に話し相手を派遣する制度なども充実しています。

こうした諸制度は、２０１４年にフランス政府が立ち上げた「高齢者の孤立と闘うための全国的動員計画（ＭＯＮＡＬＩＳＡ）」の下に、地方自治体や民間機関が中心になって整備してきたものです。各地域の実情に合った高齢者支援の充実を図るために自治体と地域で活動するＮＧＯの発想と役割が重視されています。

高齢化が著しい日本でも、今後さらに高齢者の心のケア、特に孤独対策支援は拡充されていくことでしょう。そのときに、これらのフランスの例から学べる面も少なくないと私は感じています。

高齢者の心のケア、特に孤独対策支援は日本でも拡充を図る

フランスの高齢者たちは孤独にどう向き合っているか

私が、フランスの修道院の老人ホームで働いているとき、夜中に目を覚まし、強い孤独感と寂寥感に襲われ、助けを求める（ベッド脇の緊急ベルを押す）高齢者をよく見かけました。話を聞くと、伴侶との死別の悲しみや近づく死の恐怖や過去の出来事のトラウマに関係する悪夢などを訴える人が多かったように思います。自分自身の中で孤独感を消化できる高齢者は非常に少ないというのが私の印象でした。まして、孤独を楽しむような高齢者は皆無でした。

孤独に対して不安を抱く気持ちは、日本人であれフランス人であれ、基本的には同じだと思います。
しかし、日仏では大きく違う点もあります。それは、**フランスの人々は、孤独を感じるときに、信頼できる他の人に自分の孤独感を率直に口に出して、訴えることができる**ということです。例えば、「一緒に老人ホームに入っていた夫が死んで話し相手がいなくなってしまった」「老人ホームには友達といえるような親しい人がひとりもいなくて淋しい」「一人娘は私のことを忘れてしまっている。私は天涯孤独も同然です」「妻が亡くなって非常に淋しい。茶飲み友達程度でもよい、心から愛せる女友達が欲しい」などなど。フランスの高齢者たちは人間味に満ちていると感じました。

余談になりますが、フランスの偉大な思想家ジャン＝ジャック・ルソー（1712－1778、実は生まれたのはスイスですが、フランスの偉大な思想家とされ、パリのパンテオンに埋葬されている）は、その著書『告白（Les Confessions）』、『孤独な散歩者の夢想（Les Rêveries du promeneur solitaire)』の中で、老いを生きる自分の壮絶な孤独感を実に赤裸々に吐露しています。この偉大な人物も、著作で自己の孤独感を伝えることで、自身の孤独の苦しみと向き合おうとしていたのです。

私たち日本の高齢者はどうでしょうか。孤独感や寂しさを抱えていても、これを友人や家族に打ち明けることを躊躇する人が多いのではないでしょうか。それどころか、「毎日が充実していて、楽しくて仕方がない」というふりをする人も少なくないようです。日本人の「恥の精神」からくるもの、あるいは、「他の人に心配をかけたくないという気持ちの表れ」かもしれません。

自分の孤独感を率直に認めて、他人にそれを伝えて心の支えを求める勇気が必要なのではないでしょうか。

自身の孤独を認め、吐露する

フランス人はカフェの使い方が上手

高齢期の孤独感をどう和らげていくか。これは、多くの高齢者が直面する大きな課題です。

フランスで実施された、ある「高齢者孤独調査」によると、「数週間にわたり誰とも口をきいていない人」の割合は、調査対象の高齢者全体の20%近くに及んでいたといいます。あらゆる機会を捉えて、**ちょっとでも人と話をしようとする姿勢は孤独感を和らげる**ためにも非常に重要でしょう。

人とよく話をする意思と能力のある高齢者は、相対的に孤独を感じにくく、生き生きと日々を過ごすことができます。体の痛みや死への恐怖、伴侶を失った死別の悲しみなどを抱えていても、日常的に人と接しながら話をすることで、そのような不安や苦しみはかなり和らぎます。

「フランス人は自由であること、食べること、飲むこと、話をすること、議論すること、笑うことが好きな国民」だとよくいわれます。フランスのどこの町にもテラスのあるカフェがたくさんあります。そこで、頻繁に多くの時間を過ごすことが、フランスの人たちの日常の楽しみとなっています。カフェでは偶然隣に座った人たちの間で、ちょっとしたことをきっかけに、打ち解けた会話がなされることも珍しくありません。話しかけられた人が話しかけた人に対して、不快な表情を浮かべるようなことはまずありません。フランスで私自身もこうした一期一会を非常に楽しみました。

一般的に、フランスの人たちは、年齢も性別も職業も人種も違う人に話しかけることをあまりためらいません。初対面の人とも打ち解けた雰囲気で心地よい会話をする意思と能力に長けているのです。そして、初対面の他者に対する善意にも満ちています。

他方、私たち日本人は、見知らぬ人と会話を始めることを非常に躊躇します。警戒さえします。私の日本人の友人にこんなことを言った男がいました。「日本人は広大な砂漠のど真ん中の一本道ですれ違っても、話しかけられないように顔を背けて、去って行く」と。これは日本人のひどく自虐的なジョークですが、真実の一端を表しているような気がします。

でも、それでは孤独を解消することにはつながりません。高齢者たちは、常に話し相手を求めています。私はひとりでよく近所のコーヒーショップに行きます。隣に何をするわけでもなくただひとり寂しげに座っている年配者がいると、タイミングを見計らい、話しかけるようにしています。そんな私に対して不快な顔をする高齢者は皆無です。むしろ、案外話が弾むことすらあるのです。

そんなことをしているうちに、私には何人かの「常連のカフェ仲間」ができました。**あらゆる出会いをよい機会と捉えて、もっと一期一会を楽しむ。それは定年後の孤独感を癒す良薬になる**かもしれません。

定年後は名刺がなくなり、お互いに「ただの人」になれば、平等な人間として、天気などを最初の話題にして、会話を楽しめるはずです。あなたも、**機会があれば初対面の人とも軽やかに節度のある雑談を交わす姿勢を大切に**してみてはいかがでしょうか。

アンヌ・バラタン（仏詩人、１８３２－１９１５）は、「老いたときの最良の友、それは杖である」（La meilleure amie de la vieillesse, c'est sa béquille）と言っていますが、そうならないようにしたいものです。

あらゆる出会いを
よい機会と捉えて、
もっと一期一会を
楽しむ

ちょっとしたおしゃれをお金をかけずに楽しむ

一般的に、フランスの人々は、いつまでもおしゃれで、美しくありたいという強い思いを持っています。そのせいか、男女とも、見た目が老けることへの不安感が強いように見受けられます。日本では、アンチエイジングを考えているのは、主に女性です。この点では日本の男性は「反応が鈍く」、だらしない格好を平気でしている人も少なくありません。

フランスでは、男女ともに、加齢による自分の容姿の変化にもっと敏感に反応しているように思います。

「老いほど女性に鏡を見ることを憎ませるものはない」(Rien ne peut faire plus haïr à une femme son mirroir, que sa vieillesse)といったのは、フランソワ・サルバ・ド・モンフォール(1653-1722 イエズス会神父、劇作家)です。フランスでも誰もが顔の皺は気にしています。しかし、**高齢期には「顔の皺」よりも「心の皺」にもっと気をつける必要があります。**フランスには「老いはわれわれの顔よりも心の方により多くの皺を作るものだ」(La vieillesse nous attache plus de rides en l'esprit qu'au visage)(ミシェル・ドゥ・モンテーニュ、1533-1592 仏哲学者)という名言があります。

多くのフランス人は、年齢相応の見た目を大事にしようとします。例えば、「白髪の目立つ髪は老いの花である」(Les cheveux gris sont les fleurs de la vieillesse)という諺がある通り、白髪を気にする必要はないく、むしろ、白髪は高齢者に品位を与えると、多くのフランス人は考えています。

フランスには、「年甲斐もなく」などと高齢者たちのおしゃれを揶揄するような雰囲気はありません。高齢になったからといって、自分の容姿に無頓着になる人もあまりいません。おしゃれが高齢者たちの生きる喜びと生きる士気を高めることがよく理解されているのです。

おしゃれに対する気配りは、老人ホームで暮らす人たちについても同じです。老人ホームの高齢者たちが、寝間着やスリッパで老人ホームの公共空間に姿を見せることはありません。食堂では、男女ともに正装に近い格好で食事を楽しんでいます。

修道女たちも高齢者たちの相応のおしゃれを褒めることを忘れません。私がボランティアをしていた貧困高齢者を対象にする修道会の老人ホームには、服飾会社などから寄付される多くの新品の衣服の在庫がありました。修道女たちは、高齢者たちの幸せのために、これを機会あるごとに分け与えていました。また、老人ホームには、女性用美容室、男性用理容室、エステルームがあり、高齢者たちのおしゃれ心を満たす工夫がなされているのです。

こうした容姿へのこだわりは、年をとっても、性愛の喜びを感じたいと思うフランスの高齢者たちの気持ちと無関係ではありません。

他方、日本の事情は少し違うようです。「見た目を気にしている」ことを他人に知られることを警戒したり老いた自分の容姿を卑下したりして、「高齢者にはおしゃれは無用」と決めつけている人も少なくありません。日本の老人ホームには、一日中パジャマ姿で過ごしている高齢者もいます。しかし、容姿の衰えていく高齢期こそおしゃれをすることで、生きる喜びと生きる士気を得られるはずです。

吉田茂元首相（外交官出身で戦前に駐英大使だった）は、若い外交官に向かって「君たちは、借金をしてでも、みっともない格好だけはするな。一流のものを着て、一流の人に見えるようにしなさい」とよくいっていました。当時は服装の面でも、欧米の人間にはひけをとりたくないと考える日本人もいましたから、そんな日本人の気持ちを反映した言葉だったのかもしれません。

おしゃれをすると、たしかに自分の姿の変化に心が躍るのを感じるでしょう。自分の生活に「メリハリ」も出てきます。良い気分転換にもなります。

では、高齢者にとって望ましいおしゃれはどういったものでしょうか？

フランスの老人ホームで出会ったおしゃれ感覚の優れた老紳士のボランティア、レクレルク氏に、「高齢者のおしゃれのポイントは？」と尋ねると、笑いながら「この私をよく見てください」という。たしかに、レクレルク氏の毎日の出で立ちには非常に学ぶところが多かったように思います。同氏の語るフランス人高齢者のおしゃれのポイントは次のとおりです。

① 年齢相応のやや保守的な格好を目指す

華美な服装は「調子外れ」とうつることがあります。明るい色彩のものを着用するのは素敵だが、誰もが似合うというわけではありません。そのリスクを考えて高齢者にはやや保守的な装いが安全でしょう。

②季節に合った素材を選ぶ

たくさんの洋服を持つ必要はありません。ただし、四季を快適に過ごすために生地の素材や色を選ぶとよいという。服装は見た目を良くするだけのものではありません。気候の変化から体を守るために、一日に何度着替えてもよいでしょう。また、平衡感覚の衰えている高齢者は転倒に気をつけなければなりませんから、体の自由な動きを妨げない素材や仕立てを選ぶのが好ましいです。

③統一感を出す

色彩や洋服のトーンを揃えることは重要です。フランスのおしゃれの人の間には、「ややフォーマルな服装」(例えば背広)にあえてスニーカーを履く人もいますが、そのような伝統的な装いとの統一感をあえて無視する「遊び心」のあるおしゃれは誰もが似合うというものではありません。統一感という場合、ズボンとシャツと上着だけでなく、帽子、靴、靴下をひっくるめたトータルで考えることが望ましいです。

④帽子をうまく使う

高齢者には帽子がよく似合います。フランス人は、よくおしゃれに帽子に使います。女性の場合には、防寒用の毛皮の帽子以外は、室内で帽子をかぶることが許されています。しかし、男性の場合は、室内では帽子を脱ぐのが伝統的な礼儀。こうした伝統的なマナーを心得た上で、帽子を使ったおしゃれをお勧めしたいです。

⑤靴はこまめに磨く

どんなに着飾っても靴が汚れていては興ざめです。靴はこまめに磨く。靴の汚れは非常に目立つものなのです。

⑥清潔感を意識する

おしゃれを語る以前の問題ですが、汚れたもの、シミのついたもの、破れたものを着ているのは、老いの醜さをより強調します。だらしない格好は「老醜」の最たるもの。質素でも、清潔感のある装いが大切。

⑦背筋を伸ばす

背筋をピンと伸ばすように常に心掛ける。男女共通の美しさの最低要件といえます。

おしゃれにあまりお金を費やすことができない高齢者も、以上の7つの要件を満たせば優雅な装いは十分に可能だとレクレルク氏は言っていました。

老いは
われわれの顔よりも
心の方により多くの
皺を作るものだ

La vieillesse nous attache plus de rides en l'esprit qu'au visage.

フランスの高齢者は「色気」より「食い気」⁉

フランスの人々は「食」にこだわります。フランスでは「食べることは文化である」と考えられています。しかし、フランスの人たちは、日常的に日本人が想像するいわゆる「フランス料理」を食べているわけではありません。フランスの各種の地方料理が中心です。ワインとチーズをはじめ多様な食材と地方料理がフランスの食を豊かにしているのです。

修道会の老人ホームでも、食べることは非常に重視されていました。フランスの高齢者たちも食べることは人生の楽しみのひとつだと考えています。フランスでは、食べることには栄養摂取以上の重要な象徴的な意味があると考えられています。それは、ひとつのテーブルを囲む人間同士の間の愛情を楽しむということです。
パリの老人ホームの修道院長は、「ひとりで食事をする高齢者たちの心身の健康リスクは深刻だ」といっていました。それだから、修道会の老人ホームでは、健康上の理由などで高齢者が自室で食べざるを得ないときにも、話し相手として誰かが必ず付き添うことになっています。

日本にも、豊かな食文化があります。また、人と一緒に食事をすることを通じて友愛を深めるという確たる伝統文化（宴会）もあります。現役時代には、職場の同僚との食事や接待などの会食も多かったはずです。ところが、定年退職をすると、職場の中で生まれた人間関係は急激にしぼんでいきがちです。定年後は、元の職場とは関係のない世界で新しい交友関係を開拓するか、家族団らんが重要になってきます。

食事は、健康を維持するのに非常に重要です。特にひとり暮らしの高齢者は、「バランスのとれた食生活」を欠きがちになります。このことにも注意が必要でしょう。修道会の老人ホームでは「**物忘れが始まるときには栄養をしっかりとるように**」(Bien s'alimenter quand on commence à oublier) といわれていました。栄養のみならず、さまざまな意味での「バランスのとれた食事」というものが重視されていました。それは、次の条件を満たす食事を意味します。

①〈総量〉一日3食全体で十分な量を摂取する食事
②〈味〉おいしく調理された食事
③〈栄養〉食材の種類・数・新鮮さ・栄養を考慮した食事
④〈食べやすさ〉食べやすく調理された食事
⑤〈水分の摂取量〉十分な水分量(一日に少なくとも1・5リットル)を摂取する食事

フランスの友人が、「高齢になると、男は、たとえ給仕してくれる女が美人であっても、そんな女のことよりも出てくる料理にもっぱらの関心を向けるものだ」（La vieillesse est l'âge où les hommes s'occupent davantage de leur nourriture que de la serveuse, même si elle est jolie）というフランスの著名なラテン文学者ルネ・ピション（1869－1923）が遺した名言を教えてくれました。年をとると「色気」よりも「食い気」が先というわけです。

人間はただ「食べる」だけではなく、「人と一緒に食べる」ことを通じて、生きる喜びを感じ、孤独感を和らげます。定年後こそ、「バランスのとれた食事」と「一緒に食べる」ことの意味をよく思い返しながら生きたいものです。

物忘れが
始まるときには
栄養をしっかり
とるように

Bien s'alimenter quand on commence à oublier.

フランス人はテレビより新聞を好む

定年退職後には社会との接触が少なくなり、世の中で起きていることに対する関心も薄れがちになります。多くの高齢者たちが情報不足の状態に陥りやすくなります。変化の早い時代。現役時代に蓄積した情報、知識、知恵だけでは、定年退職後を有意義に、楽しく、豊かに生きていくのは難しいでしょう。退職後も、社会に対する強い関心を維持しながら、自ら情報や知識を積極的に求め続ける生活態度が大切でしょう。

フランスの諺に「**無関心は挫折の始まりである**」(L'indifférence est le commencement de l'échec) というのがあります。さらに、アンドレ・モロア(1885-1967

作家、伝記作家、評論家）は次のようにいっています。「老いの本当に悪いのは身体の衰えではない。それは心が無関心になることである」（Le vrai mal de la vieillesse n'est pas l'affaiblissement du corps, c'est l'indifférence de l'âme）

情報や知識を得る方法には、テレビ、ラジオ、新聞、雑誌、書籍、インターネット、人との接触、生涯教育、公共施設（図書館、美術館、博物館、展示館など）の活用などが考えられます。

テレビは、情報収集と娯楽の道具（媒体）の両方を兼ねていますが、フランスでも「漫然と一日中テレビばかりを見ている」高齢者の生活習慣は、心と体の老化を加速させると警告されています。

フランスでは、「テレビをよく見ている」と公言する人はほとんどいません。恥ずかしいという思いがあるからです。フランスの知識階級の間には、「テレビを見て多くの時間を過ごすのは知識階級や教養のある人のすることではない」と考えるような文化的風土があります。

政治が好きなフランスの人々は、情報源として新聞や雑誌を好みます。フランスの新聞や雑誌は、政党色を明確に打ち出し、政治的な自己主張を展開します。新聞や雑誌は「事実の正確な報道」よりも「発行者の独自の主義主張」を述べることに重点をおいているのです。新聞は自宅に配達されず、街のキオスクで販売されています。朝食を済ますと、散歩に出て、途中で新聞雑誌を買い、カフェに入る。新聞や雑誌をすみからすみまで批判的に読む。それが多くのフランスの人たちの流儀のようです。

フランスの人たちは、**定年退職後といえども、国や社会の問題に常に高い関心を持ち続けます。積極的に情報を求め、物事を自分で判断しようとします。**必要があれば、躊躇することなく、街頭デモや政治運動や社会運動に加わります。一方向になりがちなテレビや情報操作のリスクのあるインターネット（ＳＮＳ）情報に流されることはありません。

フランスの人たちは話し好きで、親切ですが、激しい議論や言い争いをよくしており、政治権力などに激しく抵抗する反逆精神もあります。定年退職後といえども、政治や社会と積極的に係わっていこうとするフランス人の生活態度が定年退職後を生きる人々の活力や社会性を支えていると言えます。

老いの本当に悪いのは
身体の衰えではない。
それは心が
無関心になることである

Le vrai mal de la vieillesse n'est pas l'affaiblissement du corps, c'est l'indifférence de l'âme.

本当の老いとは「学ばない」こと

イタリア移民の三代目だというフランス人ボランティアが私に教えてくれたイタリアの詩人の言葉があります。「**人は学ぶ能力を失ったときに老いが始まる**」（La vieillesse commence au moment où une personne a perdu sa capacité d'apprendre）（アルトゥロ・グラフ、１８４８－１９１３）。人生１００年の時代。60歳で「老後」と考えると残り40年、70歳で「老後」と考えても残りは30年あります。30年あれば、何かをはじめて習得するのに十分な年月です。

フランスの高齢者たち、特に中産階層以上の人は、定年後も意欲的に何かを学びたいと考え、実際に新しいことに挑戦している人が多かったように思います。高齢になっても、「人間は精神的に成長できるし、また成長しなければならない」と考えているのです。国民の平等意識の強いフランスには「教育における年齢平等」という考え方があり、これが高齢者の学ぶ姿勢と意欲を支えています。

私が出会ったフランス人も、さまざまな形で定年退職後の学習を実践していました。中には、フランスの最高の高等教育機関コレージュ・ド・フランス（Collège de France）で聴講している人もいました。ここでは、内外の超一流の学者たちの歴史、文学、哲学、科学、社会科学、美術など、あらゆる分野の講義を聴講することができます。近年はインターネットでも聴講が可能になっています。また、フランスをはじめ欧州では大学の講義を無料公開する動きも盛んです。

フランスには、「France Culture」という知的水準の高い番組を有するラジオ放送を聴いて、政治、経済、哲学、文学、芸術、科学など各分野の知識と理解を深めている定年退職者も多い。「ラジオ放送番組はフランスの重要な国家的文化遺産である」と考えられており、何十年前に放送されたラジオ番組もしばしば再放送されています。

フランスの各都市には、大中小さまざまな官民の美術館、博物館、図書館などがあります。例えば、パリには100近くの博物館・美術館があり、これらに足繁く通い、学ぼうとする高齢者も少なくないのです。

フランスの人たちは、定年後も新しいことを学ぶことに喜びを見いだしていました。体系的に何かを学ぶことで、加齢による頭脳の機能退化と心の萎縮を防止できると信じています。

日本にも無料の学びの場は多くあります。人はいくつになっても成長できますから、ぜひ自分の興味のある分野で新たな学びに挑戦したいものです。目標ができると、孤独を感じている暇はなくなります。さらに、学びの場を通じて、他の高齢者仲間との新たな出会いも生まれることでしょう。

人が学ぶ能力を失ったときに老いが始まる

La vieillesse commence au moment où une personne a perdu sa capacité d'apprendre.

フランス人は陽の光を浴びながら老いを生きる

フランスの人たちはよく「Vieillir au soleil」といいます。「陽の光を浴びながら老いてゆく」あるいは「陽の光を浴びながら老いを暮らす」という意味です。フランスに滞在しながら、私はフランスの人たちは常に「陽光を求めて生きている」と感じました。

フランスには、定年退職後の生活を考えて「第二の住居」を持つ人が多い。これも陽光を求めるフランス人の生き方を象徴しています。

1970年代以降は、相対的に低い所得水準のフランスの人たちも、スペイン、ポルトガル、ギリシャのようなフランスに比べて物価の安い欧州南部諸国や、モロッコ、チュニジア、アルジェリアなどの北アフリカ諸国の海岸地域に老後移住するようになりました。年金でも、これらの地域で豊かに暮らせるようになったのです。しかし、外国に「第二の住居」を持つことには問題もあります。

ひとつは、海外生活中に発生する高額な医療費をどのように支弁するかという問題。EU加盟国内では「クロスボーダー医療における患者の権利」が認められており、EU加盟国内であれば、その国の市民と同様の医療サービスを受けることができます。費用について、自国の医療保険制度から全部または一部の払い戻しを受けられるのです。しかし、EU域外であるとそうはいきません。太陽を浴びながら生きる理想の暮らしに憧れながらも、現実的な理由からフランス国内に戻ってくる人も少なくありません。

もうひとつは、治安の問題です。現在、フランス人居住者が集まる別荘地域などが「イスラムテロ」の標的になる危険性も増しています。海外暮らしとなれば、自分の身をどう守るかが一層問われてきます。

「第二の住居」がなくとも、フランスの人たちは太陽がさんさんと輝く場所でバカンスを過ごそうとします。バカンスシーズンになるとフランスの各地のいたるところで、上半身裸で、陽光を浴びている人たちの光景を目にします。褐色に日焼けした皮膚はフランス人の「ステータスシンボル」(「別荘のない、あるいはバカンスに行けない所得階層は青白い皮膚をしている」ということらしい)にさえなっています。パリなど都市部でも、公園などで日光浴を楽しんでいる多くの人々を見かけます。フランス人の生活には日光浴は欠かせないのです。

郊外の個人住宅には、広い庭が付いていて、どこも美しく手入れされています。それは、太陽の光を浴びることを大切にしているフランス人が、天気の良い日には、上半身裸で庭に出て、庭仕事に励んでいるからだといえます。自宅の庭園を案内しながら、私に「これは長男が生まれたときに植えたリンゴの木」、「これは長女の生まれたときに植えた桃の木」、「これはわれわれの銀婚式の記念に植えたサクランボの木」などと実に嬉しそうに語る友人もいました。

フランスの昆虫学者ファーブルは、「上手に質問すれば自然は知りたいことを教えてくれる」(Si vous questionnez bien, la nature vous dira ce que vous voulez savoir)といっています。自然に関心を払うと、高齢期の寂しさなど吹っ飛んでしまい、大きな生きる喜びを感じる。そう私に語ったのは、元薬剤師のマルタン氏(84歳)でした。私が氏に「雑草という名の植物はない」という植物学者・牧野富太郎の言葉を紹介すると、氏は何度も大きく頷き、そして大げさに言いました。「何と優しい言葉だ。地上のすべての命を愛する神の言葉だ」と。

「陽の光を浴びながら老いを生きる」は、日本でもすぐに実践できる定年退職者や

高齢者の時間の過ごし方でしょう。もちろん、フランスとは気候も違い、日焼けをするほど陽の光を浴びる必要はありませんが、われわれ定年退職者や高齢者としては、もっと外に出て、自然の中に身をおき、その美しさと爽快さを肌で感じながら、心身の健康を保ち、生きる喜びを感じることができる生活をするように心がけたいものです。

陽の光を浴びながら
老いてゆく

Vieillir au soleil.

美しい生活とは規則正しい生活

定年後は毎朝定時に出勤する必要がなくなります。すると、不規則な生活パターンにおちいりがちになります。**心身の健康維持のために、定年退職者、高齢者には、規則正しい生活が求められます。規則正しい生活、それは「美しい生活」の第一の条件なのです。**

フランスで出会った友人のジョン・フォンタネル氏（70歳）の話をしましょう。彼はパリのクレジットカード会社で、59歳まで働いた後、妻の出身地であるリヨンに移り住みました。しかし、そのわずか4年後に、妻は急逝。結婚以来、散歩も買い物もカフェに行くのも、いつも共にしていた夫婦の突然の別れでした。

そんな彼がある日、私がボランティアをしていたリヨンの老人ホームに友人の慰問にやってきました。なぜか、私たちはすぐに意気投合。何度も会っているうちに、私は、彼がこれまでどんなひとり暮らしをしてきたのかに興味を持ちました。

記憶に強く残っているのは、彼が実に規則正しい生活をしていたこと。フォンタネル氏のアパルトマンには美しい年代物の家具がきれいに配置されていました。広い台所は極めて清潔で、調理器具などはすべて所定の戸棚の中に収納されている。寝室は清掃されたばかりのホテルのスイートのように乱れたところが全くない。ダイニングルームの6人がけのテーブルの中央には、新鮮なバラの花が生けられた楕円形の銀の花器、その両側に銀製の燭台がおかれている。飾り棚の上には、純銀製のティーセット。壁には果物と雉を描いた古そうな油絵。

住居や身の回りを清潔に保ち、日々の生活を規則正しく生きることが「老いを豊かに暮らすこと」、「老いを美しく生きること」だと氏はいう。氏は、自分の生活を実に美しく秩序立てていました。

毎朝6時に起床し、ガウン姿のまま居間のカーテンを開けます。目に入るのは、美しい朝陽が映えるソーヌ川の輝き。心が晴れ、自分の生きている世界の美しさを感じることができるこの瞬間が素晴らしいと氏はいう。

その後、クロークルームで今日一日は何を着て過ごすかを考えます。流行には興味がなく、新しい衣類を買うことはありません。クロークルームには実に多くのコート、洋服、ネクタイ、マフラー、靴、杖、帽子などがきちんと収納されていました。これらは、自分や夫人が購入したものであったり、アパルトマンの所有者だった夫人の父親が遺したものであったりと、すべてに特別の思い出のある品々です。

洗面と着替えを終えると、1回目の定例外出。7時に焼きたてのフランスパンを買うためにアパルトマンから歩いて5分くらいの距離にある馴染みのパン屋に出かけます。高齢の店主と会話を楽しむのも日課のひとつです。アパルトマンに戻り、コーヒーと自家製ジャムとパンの朝食を楽しみます。

そのあと、書斎で8時のテレビニュースを見ます。テレビを見るのは朝8時と夜8時のニュースのときだけ。8時半に2回目の定例外出として、歩いて10分ほどの距離にある市内のキオスクに新聞や雑誌を買いに行きます。散歩を兼ねた外出です。

9時にアパルトマンに住むひとり暮らしの高齢の未亡人（86歳）のところに見舞いのために立ち寄り、15分程度話をします。氏は、買い物の手伝いなど日常的に彼女をサポートしているのです。

毎日、12時に昼食をとります。肉類をメインにするフルコースを、必ず自分で作ります。「ひとりだから」と手を抜くようなことはせず、夫人と一緒だった時と同じように、きれいな食器に料理を美しく盛り付けます。食べ終わると、すぐに食器などを洗い、所定の場所に収納。

昼食後には、上着を脱ぎ、寝室の肘掛け椅子に座ったまま、15分から30分ほどの昼寝をします。

そして、3回目の外出として、午後2時半には、ドッグランのある公園に歩いて出かけます。氏は愛犬家ですが、愛犬が自分をおいて先立つことも自分が愛犬をおいて先立つことも恐れているため、犬を飼うことはもう諦めています。そこで、公園で他の人の犬と戯れたり愛犬家たちとの会話を楽しんだりしているという。

そのあと一局のゲームを楽しむためにチェスクラブに立ち寄り、5時前には帰宅。6時には夕食。夕食は軽く、野菜サラダ、ハム・ソーセージ類、少量のパスタなどを食べます。そして、洗い物のあと、必ずハーブティーを飲みます。夜は8時半にはベッドに入り、1時間ほど読書をして、9時半に消灯。

そして、翌日も同じリズムの1日が繰り返されるのです。

食料品の買い物は、毎週土曜日の午前。アパルトマンから歩いて10分くらいの距離にある街路に毎週土曜日の午前に開く露天の朝市で購入します。家の掃除は毎週木曜日の午前に行うと決めています。日曜日には、教会のミサに行きます。とはいえ、信心深いタイプではなく、「私は神よりも人間の方が好きなようだ」というのが氏の口癖です。教会に行くお目当ては、ミサの後にホールで開かれる信者たちの懇親会。コーヒーを飲みながら、仲間と話ができるのを楽しみにしているという。

氏の毎日の暮らしぶりを「刺激のない毎日だ」と感じる人もいるかもしれません。しかし、私は、**氏の毎日の生活は簡素ですが、美しいと思いました。氏の生活には、人間が生きるあらゆる美しさと楽しさの要素が含まれているような気がするからです。**

ドイツの詩人リルケ（1875-1926）はいっています。「自分の毎日の生活が実り少ないものに思われても、そのような生活のせいにしてはいけない。毎日の生活の中から生きる喜びや生きがいや生きることの実りを求めようとしない自分のことを嘆きなさい」(Si ta vie quotidienne paraît pauvre, ne l'incrimine pas. Plains-toi plutôt de ne pas être capable d'en proclamer les richesses［原文はドイツ語、上記はフランス語訳］）と。

「日々、規則正しい生活を送る。そして、そのような毎日の生活の中に温和な人たちとの心の絆を再確認できる時間がある。それが忍び寄る老いの孤独から私を守っているのです」。そう語ったときの氏の輝くような生き生きとした表情を今も忘れることができません。

自分の毎日の生活が
実り少ないものに思われても、
そのような生活のせいにしてはいけない。
毎日の生活の中から生きる喜びや
生きがいや生きることの実りを
求めようとしない自分のことを嘆きなさい

Si ta vie quotidienne paraît pauvre,
ne l'incrimine pas. Plains-toi plutôt
de ne pas être capable d'en proclamer
les richesses.

家事や庭仕事はスポーツと考える

フランスには、「若いときの健康のみが良い高齢期を可能にする」（Une jeunesse saine peut seule procurer une bonne vieillesse）という諺があります。

フランス人は、アングロサクソン（英米）系やゲルマン（独蘭）系の人々に比べると、あまり「スポーツ好きの国民」ではないとされています。伝統的に英国の学校教育ではスポーツが重視されています。それに対して、フランスの学校教育ではフランス語と哲学の学習が重視されています。この違いが英国人の「フェアープレイの精神」とフランス人の「論理思考と議論好き」を支えているといわれています。

しかし、過去数十年の調査を見ると、フランス人の健康重視志向は非常に高まり、現役時代から運動やスポーツに励んでいる人たちが増えています。健康に長生きして人生を楽しみたいと思う定年退職者や高齢者も、運動やスポーツに一層励むようになっているのです。

フランスの定年退職者や高齢者の間で最もポピュラーな運動・スポーツといえば、おそらくウォーキングとサイクリングでしょう。フランス人にとって歩く運動は、散歩（バラデ）、遠足（ランドネ）、ハイキング、山登り、巡礼などを意味します。フランスには、スペインにまで延びるカトリックの巡礼路がたくさんあります。そのため、フランス人の高齢者には、数十日をかけて巡礼の旅をしたいと思っている人たちが少なくありません。

フランスでは、どこに住んでいても、家の近くに豊かな自然に囲まれた絶好の散歩道を見つけることができます。樹木の豊かな公園や生活道路、街路樹のある街並み、街中の遊歩道、並木道、河岸の遊歩道、海岸沿いの遊歩道などが点在しているのです。

これに対して、現代の日本の町は歩行者、特に高齢者に優しいつくりにはなっていません。楽しい散歩をするためには、電車に乗って、どこか他のところに出かけなければならないのです。

フランスの修道会の老人ホームでも、歩くことは非常に大切にされていました。ほとんど寝たきりに近い高齢者も、理学療法士に抱きかかえられるようにして、定期的な歩行訓練を受けていました。それぞれ高齢者が10メートル、20メートルと健康状態に合った距離の歩行訓練を受けるのです。

サイクリングもフランス人の愛する国民的なスポーツです。世界的に有名なフランス国内一周の「トゥール・ド・フランス」にフランス人は熱狂します。ほとんどの都市が〝サイクリング仕様〟になっているのは、フランス国民の自転車好きに、自治体が応えているからに他なりません。サイクリングロードが整備され、市内のいたるところに自動式レンタサイクルステーションがあります。フランス国内を旅行すると、ロワールの河川敷、ブルゴーニュの運河沿い、アルカッションの海岸沿いなど河川・運河沿い、海岸沿いのサイクリングロードを緑と水辺を楽しみながら、自転車走行している人たちの姿をよく見かけます。多くの定年退職者や高齢者も、自転車に乗って市内散歩や遠出をしています。

パリでも地方でも公園の木陰の下でペタンクに興ずる高齢者たちを多く見かけます。ペタンクとは、ゲートボールのようなスポーツです（ただし、スティックは使いません）。目標球（ビュット）に向けてブール（重い鉄ボール）を投げ合って、相手より近づけることで、得点を競う競技です。この生涯スポーツを通じて、体を動かすだけでなく、友人との交流を深める高齢者も多いのです。

私たち高齢者が「体を使う」ことができるのは、運動やスポーツに限りません。家事、庭仕事など日常生活に要する小さな仕事は体を使う絶好の機会。自身の心身の健康を維持する点からも、定年退職後の男性の家事分担（炊事、洗濯、掃除、ゴミ処理、植木の水やり、庭の維持管理、愛犬の散歩など）は重要でしょう。男女平等の原則からも、少なくとも定年退職後は、夫は妻をもっと家事から解放する必要があると考えています。

パリの元公認会計士デュバル氏（78歳）が、「世間の夫よ、女房よりも長生きしたけりゃ、家事を独占しなさい」（Tous les maris dans le monde! Ecoutez! Si vous voulez survivre à votre femme, accaparez les travaux ménagers）と、居間で客である私の相手をしていた愛妻に向かって、台所からそう叫んだことが鮮明に私の記憶に残っています。

若いときの健康のみが良い高齢期を可能にする

Une jeunesse saine peut seule procurer une bonne vieillesse.

人とつながる趣味を持つ

日本では、自由になった定年退職後に、何をしていいのかわからず戸惑いを感じている人も少なくありません。それも無理からぬことです。現役時代は働くばかりで、趣味に生きる時間やそのための心の余裕などなかった人が多いからでしょう。

しかし、趣味を持って何かをしたいという気持ちは誰にでもあったに違いありません。私は、趣味、つまり興味の焦点を持つことで、生きる喜びを感じること、孤独感を免れること、心身の健康を保つことができ、長生きにつながるのではないかと思っています。

そして、新たな趣味を見つけるタイミングに遅すぎることはありません。私の兄は70歳を過ぎてからピアノをはじめました。

定年後の趣味を探すにあたって、できることなら「**他の人とつながることができる趣味**」**を選ぶとよい**と思っています。私の元上司（当時80代の前半）で、こんなことを言っていた人がいました。「今の君にはわからないかもしれないが、定年後は実に寂しいものだよ。以前は大使や次官だったといっても、誰も相手にもしてくれない。しかし、将棋や囲碁をやれば、誰とでも友達になれる。君も今のうちに将棋や囲碁などを覚えておくといい。是非そうしたまえ」と。

高齢者の趣味の内容については、フランス人特有のものがあるわけではありません。日本の状況と違っている点があるとすれば、一般的に働き方に時間と心の余裕のあるフランスでは、30代、40代という現役時代から、「定年後のことまで考えて趣味に生きる」人が多いということでした。

例えば、建設会社で働いていたフランソワ・ペリエ氏（72歳）は、若い頃から趣味として河川を船で航行することや船上生活に憧れていました。そこで、40歳になったばかりの現役時代に古い小型の伝馬船を購入。妻とふたりで、新しいエンジンを取り付けて、快適に暮らせる程度の居住空間になるまで日曜大工仕事で改装し、退職後はもっぱら船上生活を楽しんでいます。その船で、オランダやドイツにまで旅することもあるそうです。

また、元パリ市役所職員のジャック・ロランタン氏（78歳）は、ノルマンディーの古民家を「第二の住居」として購入・改修して、その庭に大勢の孫たちの誕生を祝うリンゴなどの記念樹を植えました。広い庭に果樹や野菜を育てる家庭菜園型の素人農業がもっぱらの趣味です。

さらに、ロレーヌ地方の首都メスの元高校教師ピエール・ゲース氏（77歳）は、若い頃から毛糸編み物に興味を持ち、現役時代には、編み物学校にまで通いました。定年退職後は、毛糸編みにさらに夢中になりました。作品は、家族へのプレゼント、慈善バザーへの寄付、フリーマーケットへの出品などに使っているそうです。指を使う趣味は、高齢者の頭と心と体の健康に大変いいといって、私にも勧めていました。

70 歳から
ピアノを始めてもいい

第3章

心豊かに生きる フランス人の 精神性（マンタリテ）

不安を打ち明けられる人はいますか？

フランスの人々はフランス革命の精神「自由・平等・博愛」を大切にしています。自由を愛するフランスの人々は、良い意味での個人主義者で「他人は他人、自分は自分」という割り切った考え方をします。それでも、すべての人間は平等だと確信しているのです。

そうはいっても、現実にはすべての人間が平等な境遇で生きているわけではありません。経済格差の中で苦しんでいる人もいれば、人間関係に恵まれず、孤独感に苛まれている人もいます。それでも、他人と自分の境遇を比較して、自分を卑下したり悲観したり羨んだりすることは、ほとんどありません。そんなことをしても、何の役にも立たない、あるいはさもしいことだと知っているからでしょう。ただありのままに、「家族や友達がいなくて孤独です」「経済的余裕がなくて贅沢はできません」など、**自分の置かれた境遇の苦しさや悲しさを信頼できる人には率直に打ち明けます。**

他方、他人に迷惑をかけたくないという「心配り」や「恥の精神」のせいか、私たち日本人は心の内を率直に吐露することを躊躇します。日本人の他者に対する心遣いは、世界に誇れる素晴らしい徳というか文化だと思いますが、なかなか自身の弱さを見せられず、そのために自分を苦しめてしまう人がいるのであれば、「他人と自分を比較するようなことはせず、自分の気持ちを率直に伝えることのできるフランスの人たちの心」から何かを学ぶことができるのかもしれません。

苦しさや悲しさを
信頼できる人に
打ち明ける

自分は若いと感じながら、老いを生きる

日本の高齢者の中には、謙遜からか、卑下からか、あるいは本心からか、例えば「もうおじいちゃんですから」「もう年ですから」などと口にする人が多いように思います。私は、このような高齢者意識は万国共通のものだろうと思っていました。しかし、フランスではそうでないようです。

ブルターニュ人（ケルト民族系のフランス人）で音楽学校の元教授ジャック・ベロワ氏（74歳）は、フランス人はいつでも「自分は若い」と思っているといいます。90歳を超えても老人だという自覚があまりないというから驚きます。年齢だけで老いを感じるのではなく、足腰が立たず自立的に生活する能力がかなり失われたとき

にはじめて老いを感じるのだそうです。

フランスの高齢者がおしゃれを楽しむことは、「自分は若い」という自意識と無関係ではないでしょう。90歳近くになっても日常的に性愛を楽しんでいると全く恥じらいを見せずに私にささやいたフランスの高齢者（男性）もいました。

演出家だったパリ在住のデュバル氏（77歳、ボランティア）は、「高齢期、それは、『自分はこんなに若く感じたことがない』と言い始める時なのです」（La vieillesse, c'est quand on commence à dire "jamais je ne me suis senti aussi jeune"）というジュール・ルナール（1864-1910　仏小説家・劇作家）の言葉を引用しました。

フランスの小説家ブノワット・グルー（1920-2016）は、「高齢期は長い。だから、これをあまり早くから始める必要などない」（La vieillesse est si longue qu'il ne faut pas la commencer trop tôt）といっています。さらに、フランスの小説家・劇作家ジャン・アヌイ（1910－1987）も、「人は、自分でそぅ決める日以外に、年寄りになることはない」（On n'est vieux que le jour où on le décide）と言っています。

人は自分で年をとったことをマイナスに捉えれば、本当に老けてしまうものです。フランスの高齢者たちは、高齢者であることの3つの利点を挙げて、今を楽しもうとします。

第一に、〝幼少期〟のように親に依存する必要がないこと。

第二に、〝青年期〟のような落ち着かないソワソワした気持ちを抱かずにいられること。

第三に、〝壮年期〟の上下関係や競争の支配する職場の苦労から解放されていること。

定年退職後は、心の持ち方次第で、その前の時期のさまざまなストレスから解放されて、心穏やかに楽しく生きることのできる時期なのです。

ビクトル・ユーゴは、「あなたが愚かであるかそれとも賢いかどうかで、あなたは高齢期の夢を若いときの後悔でもって紡ぐことになるかもしれないし、あるいは永遠の希望でもってこれを紡ぐことになるかもしれない」（Selon que vous serez fou ou sage, vous composerez les rêves de votre vieillesse des regrets de votre jeunesse ou des espérances de l'éternité）といっています。賢くあろうとすることが、重要だと私は思います。

高齢者の幸福度を左右するのは、最低限の経済的生活基盤（収入）、健康、家族、社会的なつながり（友人関係）、「今現在の生き方」の捉え方であるかと思います。健康を害し体が衰えていくことは、仕方のないことです。社会的な居場所が少なくなっている高齢者にとって、家族が重要なことはいうまでもありません。しかし、社会的なつながりに関しては、定年後も自分の努力次第で、新たな人間関係を育んでいくことができます。また、「今現在」をどう捉え、どう生きるかについても、自分自身の気持ちのもち方次第で、コントロールできるものなのです。

フランスの高齢者たちは、人間関係と「今現在」の捉え方が上手。だから、高齢期を「人生の実りと収穫の秋」とすることができるのです。

驚いたことに、何人かのフランスの人たちが「**私には過去の人生がありました。先は長くはないかもしれませんが、将来には将来の人生があることでしょう。でも、過去の人生と将来の人生の間にある今現在を実り多い豊かなものにするために一生懸命生きたいと思っています**」という趣旨のことを私に語ったのです。これはまさに**日本神道の「中今」の思想**なのです。

フランスの哲学者モンテーニュは、「老いは、われわれの顔よりも心の方により多くの皺を作るものだ」（La vieillesse nous attache plus de rides en l'esprit qu' au visage）といっています。私たち高齢者としては、互いに心に皺が増えないように気をつけたいものです。

「もうこんな年」（悲観主義者の感じ方）ではなく、「まだこんな年」（楽観主義者の感じ方）と考える。そうすれば、高齢期を生きる姿勢も自ずと変わり、生きる士気も高まり、若い気持ちでい続けられるに違いありません。

高齢期は長い。
だから、
これをあまり早くから
始める必要などない

La vieillesse est si longue qu'il ne faut
pas la commencer trop tôt.

フランス人にとってジョークは「エスプリ(才気)」である

先述したように、「フランス人は、食べること、飲むこと、話をすること、議論をすること、笑うことが好きな国民だ」とよくいわれます。フランスの高齢者たちは、これらのことが老いを生きる自身の幸福につながると考えています。

たしかに、フランス人はよく笑います。欧米では、イギリス人の**ユーモア**(ジョーク)対フランス人の**エスプリ**(才気)という形で、両者の笑いがよく比較されます。

パリに住む比較文学の元大学教授(ボランティア)は、「英国人は、自分を材料にしたジョークをいう。そこには、優しさ、親切さ、温情がある。フランス人のジョークには、他人を揶揄するエスプリが効いており、知的で、風刺的で、皮肉たっぷりで、辛辣である。だから、フランス人はときどき外国人を非常に傷つけることがある」と言っています。

私自身は、多くのフランスの高齢者の無邪気で楽しいジョークを耳にしてきたので、フランス人の穏やかなユーモアの精神も素晴らしいと思っています。聖職者（神父、修道女）も、よくおもしろいジョークを言いますし、修道会の老人ホームでも笑いというものが重視されています。修道会の創始者聖ジャンヌ・ジュガン（1792－1879）は、若い修道女たちに「老人には笑いが必要である」と言い聞かせていたそうです。

笑いは、医学的にも高齢者の自立生活機能の維持に大きく寄与すると考えられています。フランスのレンヌの老人ホームのある神父は、寂しげであまり笑わない高齢者たちのことをいつも心配していました。**高齢者が必要としているのは「無邪気**

な心から自然に湧きでるおおらかな笑いだ。そのような笑いは、他の人に向けられるときには、その人に対する優しさや愛情表現そのものになる」と、この神父は始終力説していました。

フランスの老人ホームでは、たびたびワッと笑い声が上がる場面に遭遇しました。例えば、私が耳にしたジョークにこんなものがありました。「ばあさんがね、今はやりの米国式のドラッグストアでコンドームを買おうとしてレジに行ったの。すると、気のきかない若い女店員がね、マイクで広い店内のどこかにいるらしい店長に向かってこんなことを大声で叫んだのよ。『店長、コンドームに高齢者割引はありますか？』と。さすがに、ばあさんも、これはたまらんと、レジカウンターにコンドームを放り出して、表に逃げ出したのよ」

高齢者の性愛の欲求を自然なものと考えるフランスの高齢者たちは、時と場合をわきまえる節度は守りながら、こうしたきわどいジョークも楽しみます。

ロレーヌ地方の老人ホームの大食堂で働いているときのことでした。テーブルの間を移動しながら、高齢者たちに料理を配っていた若い修道女が、ステンレス製の大鍋の蓋をうっかり床に落としました。けたたましい物音が響き、食事をしていた高齢者たちは、驚いて飛び上がらんばかりでした。すると、この修道女はすかさず、唖然としている老人たちに向かって、こう言い放ちました。

「これは、みなさんのために私が作曲したモダンミュージックですよ。私だって少しは音楽の才能がありますわよ。さあ、ポカンと開けた大口に食べ物を運んでくださいませ！」

フランスの詩人アンヌ・バラタン（1832－1915）は、「感じの良い老人と思ってもらえるように愉快に楽しく年を取ってゆきましょう。とにかく老人はとても評判が悪いのです」（Soyons vieux gaiement pour rendre la vieillesse aimable. Elle a si mauvaise réputation）といっています。

ところで、フランスのプロバンス地方には「年をとると、吝嗇《りんしょく》、用心深さ、聡明さ以外は、すべてが無くなっていく」（Tout se diminue en la vieillesse hors avarice, prudence et sagesse）という諺もあります。

そして、フランスの法学者・哲学者ジョゼフ・ミシェル・アントワヌ・セルバン（1737－1807）の言葉に、「年をとると愉快なことを追い求めざるを得なくなる。そして、その愉快なことというのは他ならぬ若さを追い求めるということなのである」（La vieillesse est obligée de courir après la gaieté, qui d'elle-même court après la jeunesse）というのがあります。

笑いは、人間同士が楽しくつながる最大の武器。フランスの高齢者たちは、そのことをよく心得ていて、心から笑えるジョークを交換し合います。特にフランスの高齢者は誰もが心から笑える無邪気なジョークは仲間への最大のもてなしだと考えているのです。

年をとると愉快なことを
追い求めざるを得なくなる。
そして、その愉快なことというのは
他ならぬ若さを
追い求めるということなのである

La vieillesse est obligée de courir
après la gaieté, qui d'elle-même court
après la jeunesse.

日常生活の「普通」に目を向けてみる

修道会の老人ホームでは、神父や修道女たちと、定年退職者や高齢者の生き方についてよく話をしました。神父や修道女たちは、**高齢期を心穏やかに生きるためには、日常生活の「普通の事柄」にもっと目を向ける必要があるといいます。**「普通の事柄」とは、「ちょっと近所に出かけること」「見ること」「人と話をすること」「食べること」「眠ること」「笑うこと」「座ること」「日常のちょっとした仕事をすること」などです。つまり、普段の生活の中の一見平凡なこと。しかし、そういう日常生活の当たり前のことをしながら、人は、生きている喜びを感じ、人間同士のつながりを楽しみ、自分の生きている周囲の自然の美しさを再発見できるというのです。

これまで、われわれ日本人の高齢者は、現役時代には競争社会の中で常に何かの圧力を感じ、何かに追いたてられながら、生きてきたような気がします。激しいストレスの下に生きながらも、「今を我慢すれば、定年後はゆったりと豊かに好きなことをしながら、暮らせる」と思い込んでいたように思います。多くの妻も、夫や子どもの生活ペースに合わせて自分を犠牲にする生き方をしてきたのではないでしょうか。つまり、楽しみを、「今現在」よりも、将来、特に定年後に先延ばしする生き方をしてきたような気がします。

フランスの老人ホームの親しいボランティア仲間にこんな人がいました。ときどき、夫婦で仏バスク地方のポー市の修道会の老人ホームにボランティアに訪れていたアンリ・マルタン氏。地方公務員として、現役時代には、忙しく働いていた彼のもっぱらの楽しみは、年2回の長期休暇（イースター休暇と夏期休暇）を利用しての海外旅行でした。「非日常を経験できる海外旅行に行かなければ、とても1年間がもたない、役所の仕事に耐えられない」。そんなふうに感じながら彼は生きてきたそうです。

定年退職後は、海外旅行を人生の至極の楽しみとして、妻を連れては、さまざまな国に行きました。ケニアに行ったのも、そんな定年後の海外旅行のひとつでした。国立公園で野生動物を見る「非日常」に、彼は疲れを感じながらも、生きる喜びと興奮を覚えました。

しかし、帰りの飛行機の中で何気なく「次はどこに行こうか？」と妻に聞くと、「今は考えたくもありませんわ」という疲れきった返事をされたそうです。

帰国した日の翌朝、目覚めてリビングのカーテンを開けると、きれいに晴れわたった空の下で、庭の花が色鮮やかに開花している光景が目にはいりました。彼は、数本の花を切って、台所にある朝食用のテーブルの上に飾りました。すると、起きてきた妻が、「この花、もうお庭に咲いていたの？　アフリカの雄大な自然も素敵でしたけれども、我が家の庭のさりげない美しさも良いわね。私はこの家がとても好きよ。この家でもっとのんびりと暮らしたいことね。少しだけれども、庭の向こうにピレネー山脈も見えるし」といいました。「僕もそう思うよ」と彼は妻の言葉に素直に賛同する気持ちになりました。同時に、心の中にこれまで人生の苦悩と喜びを一緒に味わってきた妻への感謝の気持ちと愛情が湧き上がってくるのを感じたそうです。そして、この家での穏やかな生活の中で、妻と自分が健康で生きていることに、それまでにない幸福感も抱いたというのです。「退屈だ」と決めつけていた日常に本当の幸福があったと氏が気づいた瞬間だったという。

「非日常」に興奮することや「大きな変化」を経験することだけが、生きる喜びだとマルタン氏は常々感じていました。しかし、実は日常生活の〝一見何でもない小さなこと〟から大きな幸福感を得ることができるということを再発見したのです。

彼は妻と話し合い、定年後の生活の中心舞台を自宅に戻し、もっとのんびりと穏やかに日々を暮らすことを選んだのでした。

フランスの国民的文豪ビクトル・ユーゴは、こんな言葉を遺しています。

「あなたの老いの日々に愛情を持ちなさい。そして、あなたの暗い冬のために早くから明かりを灯しましょう」(Gardez-vous un amour pour vos jours de vieillesse. Allumez de bonne heure un feu pour votre hiver)

特に老いの時期には、日常生活の「普通の事柄」を見直し、日々の暮らしに愛情を持つことができれば、自分を取り巻くすべてのものに満足感をもって、生きることができるでしょう。自分の身近な周囲を見渡すと、われわれは既に心を豊かにするものに囲まれて生きていることに気づきます。**人間の本質的な幸せは、実は自分の足元にあるのかもしれません。**

あなたの老いの日々に愛情を持ちなさい。
そして、あなたの暗い冬のために早くから
明かりを灯しましょう

Gardez-vous un amour pour vos jours de vieillesse. Allumez de bonne heure un feu pour votre hiver.

自分の余った時間は、弱い立場の人のために費やす

フランスの高齢者の間には、定年後の時間の使い方のひとつとして、ボランティア活動を選ぶ人が非常に多いです。

「**自分より弱い立場にある、あるいは自分より恵まれない人のために何かをすることとは、人助けになるばかりか、自分自身を人間的に成長させることができます。生きる喜びを与えてくれます**」。そういったのは、インドのムンバイにある修道会の老人ホームの全盲の神父でした。私が週末にこの老人ホームでボランティア活動を始めたのは、神父のこの言葉に背中を押されたからです。

退職後、私自身は、現役時代のある縁からフランスのカトリック女子修道会の老人ホーム（民間非営利法人）での高齢者介護奉仕の道を選びました。

日本でも同様の支援ができないかと民間の老人ホームを探したのですが、残念なことに、ボランティアを受け入れているところはほとんどありませんでした。介護職員が不足している昨今ですから、日本でも積極的にボランティアを受け入れるようになってほしいと願っています。私は現在、自分の居住地域のデイケアセンターで、特に孤独な高齢者の話に耳を傾ける傾聴サービスのボランティアをしています。

ボランティアの人数は、フランスと日本とでは比較になりません。しかも、フランスのボランティアの8割から9割が、定年退職者です。フランスの高齢者たちがボランティアを始める動機は、「自分の余った時間を、自分より恵まれない人たちのために費やしたい」というものがほとんどです。例えば、修道会の老人ホームでボランティアをしているフランスの高齢者たちは、みな実に嬉々として働いていました。

建設資材会社部長だったルネ・ペルシェ氏は、75歳から80歳まで妻を自宅で介護し、81歳から90歳までは、その介護経験を生かして、修道会の老人ホームで奉仕活動を行いました。主に、昼食と夕食時、自力では食べられない高齢者たちの食事を手伝っていました。ボランティアの最初の動機は、ひとり暮らしの寂しさ。ひとり暮らしができない健康状態になったとき、別の高所得者用老人ホームにはいりましたが、そこでも、食事どきには、杖で自分の体を支えながらも、隣の部屋の老婦人の車椅子を押しながら、食堂に向かっていました。介護職員によると、ペルシェ氏は死（92歳）の前日まで同じことをしていたそうです。

また、パリの元ＯＬのシャンタル・モランさんは、老人ホームで毎日朝8時から夕方5時まで受付と電話応対のボランティアをしていました。

無論、高齢者たちのボランティア先は、老人ホームだけではありません。保健省の役人だったジャン・モラール氏（80歳）は、パリのサン－ルイ島の自宅（アパルトマン）を政府系の外国人のためのフランス語学校の短期留学生のために完全開放していました。海外の学生たちを超格安で下宿させ、朝食だけを提供。リビングを懇談室にして、寄宿学生たちのフランス語会話能力の向上のために毎日自分の多くの時間を費やしていました。それがひとり暮らしのモラール氏の最大の生きがいになっているといっていました。

フランスの高齢者には、自分の過去の職業能力を生かしながら、ボランティアをしている人が多かったように思います。例えば、パリの老人ホームでは、大使館付の元海軍武官だった高齢者（69歳）は修道女たちのために政府関係者との折衝を一手に引き受けていました。また、プロの演出家だったデュバル氏（77歳）はパリの老人ホームの高齢者たちの演劇の演出をしていました。

このように、**フランスの多くの高齢者は、自分を必要としている人たちの近くで働くということが自分をさらに成長させる、自分の暮らしを豊かにする、自分に生きる喜びを感じさせる、老いの時期特有の孤独感を和らげると考えている**のです。

ローマ教皇ヨハネ・パウロ2世は、国連の国際高齢者年（1999年）に、世界の高齢者たちに向けて次のような言葉を贈っています。

「寂しい時には、あなたよりももっと寂しい思いをしている誰かを訪ねるようにしましょう。あなた方は、何らかの方法で他の高齢者を助けることができます。例えば、お互いに話しかけることで。手を貸すことで。何か好意を示すことで。高齢者のみなさん、あなたの心の中にある善意を総動員して、いつも微笑み、人のために何かをするという気持ちを忘れないでください。他の人を温かく受け入れる気持ち

を忘れないでください

日本においては、「高齢者はケアされる側であるとしても、ケアする側ではない」と決めつける傾向にないでしょうか。私がフランスで知ったことは、多くの高齢者が、80歳、90歳になっても、健常であれば、他の人のために働くことができると考えていることでした。何歳になっても、自分のできることを自分のできる範囲で奉仕しようとする生き方なのです。

日本の定年退職者や高齢者の間に奉仕活動がさらに広がることで、サポートされる側もサポートする側も心豊かに生きていくことができるのではないかと思いました。

自分を必要としている
人たちの近くで
働くということが、
孤独感を和らげる

高齢期の性愛をタブー視しない

老人ホーム内外の多くのフランスの高齢者たちと交流しながら、私は**フランスの人たちは死ぬまで恋をしたいと考えている**ことを知りました。性愛の欲求は、死ぬまで続きます。

実際に、フランスの高齢者の多くは、80歳や90歳になっても、「性愛の相手は必要だ」といっています。レンヌの元地方公務員のパスカル氏（81歳）は、笑いながら「フランスでは性愛の喜びには、定年退職はないのですよ」という。

私が会ったフランスの高齢者（男性）たちは、高齢期の性愛を不潔なものと考えない。ちゃかしたりしない。自分たちの性愛を語る姿勢は率直でまじめ。しかし、配偶者と死別した高齢者たちは、「茶飲み友達」程度でも、実際に相手を見つけるのは容易ではない。そう語る高齢者も少なくありませんでした。

修道会の老人ホームで一緒にボランティアをしていたディディエ氏（大手不動産会社の元役員）は、81歳で妻を失い、老いの孤独を感じていました。彼は、性愛は『人生の喜び』であり、『生きるための士気』を保つためのものと考えていました。「90歳を超えた今も、ときどき50代の未亡人の家を訪れます。目的は彼女の家で一緒にコーヒーを飲むためですよ」。そういいながら、私に向かって無邪気にウインクをする。

フランスと比べると、日本の状況はどうでしょう。高齢者の性愛に対する一般の理解は進んでいません。

生きる喜びを感じるのは、「人を愛し、人に愛されている」ことを実感できるときではないでしょうか。そこに、性愛を含めるのはごく自然なことでしょう。友人同

士の友情であれ、夫婦愛であれ、配偶者を失ったあとの恋愛であれ、死ぬまで誰かを愛し、誰かに愛されているという心の充実感があれば、高齢期はもっと幸せなものになるに違いありません。フランスの多くの高齢者たちの「性愛に生きる姿勢」を知って、そんな思いを強くしました。

ジャック・フェロン（フランス系カナダ人、１９２１－１９８５　小説家、劇作家、医師、ジャーナリスト、政治家）は、「老いは忘れられる。というのは、恋心というものは変らないからだ。人間は年をとればとるほど、元気はつらつになるために、ますます色事に耽るようになるものだ」(La vieillesse s'oublie car le cœur ne change guère, et plus on vieillit, plus on a d'aventures pour s'engaillardir）と、高齢者の性愛について語っています。

高齢期の性愛を捉え直すことで、日本の高齢者もずっと生きやすくなるかもしれません。

老いは忘れられる。
というのは、恋心というものは
変らないからだ。
人間は年をとればとるほど、
元気はつらつになるために、
ますます色事に耽るようになるものだ

La vieillesse s'oublie car le cœur ne change guère, et plus on vieillit, plus on a d'aventures pour s'engaillardir.

老いを肯定的に捉えられますか？

文豪ビクトル・ユーゴ（1802-1885）は、こんな言葉を遺しています。「老いの特権のひとつは、自身の年齢以外にあらゆる年齢を持っているということだ」（L'un des privilèges de la vieillesse, c'est d'avoir outre son âge tous les âges）

つまり、老いはこれまでの人生の賜物であり、あらゆる経験を有している〝特権〟なのです。その自覚の強いフランスの高齢者の多くは、過去の人生で得た知識や知恵、集団的記憶（特に戦争経験）などの〝生きた歴史〟を若い世代に伝えようとします。

例えば、ドイツやアルジェリアとの戦争の経験を後世に伝えることは、高齢者世代の責務だと感じているのです。日本の若い世代は、日本の過去の戦争のことを社会科の授業などで通りいっぺんに史実として学ぶことがあるとしても、さまざまな形で戦争を実際に経験している高齢者たちから直接話を聞くことは少ないのかもしれません。

また、フランスの高齢者には、自身の経験を社会の役に立てたいという気持ちも強い。その思いは、ボランティア活動に向かうこともありますし、積極的な政治参加や社会参加に向かうこともあります。子どもや孫など後の世代のことを思ってのことです。戦争のない平和な世界、環境保護が行き届いた世界、正義と公正が支配する世界、人間の尊厳が守られる世界を実現するために、選挙に行き、デモに参加しなければならない。そう思っているのです。

「老いは熟した果実である（La vieillesse est un fruit dans l'état de sa maturité）」という諺のとおり、高齢期は人間の円熟期とされているのです。

モーリス・シャプラン（フランスのジャーナリスト・文法学者・脚本家１９０６－１９９２）は、「老いはすべてを美しくする――それは10月の美しい木立の中に沈んでいく太陽の残照効果をもっている」（La vieillesse embellit tout. Elle a l'effet du soleil couchant dans les beaux arbres d'octobre）といっています。

しかし日本では、私たち高齢者のイメージはあまりよくない。高齢者自身が自分の価値を過小評価していますし、若い世代の高齢者イメージもあまり芳しくないように思います。

数年前に、日本の地方を電車で旅行していると、乗り込んできた中学生の一団がときどきこちらを見ているのに気がつきました。白い顎鬚に杖、洋書を読んでいましたから、物珍しかったのかもしれません。

彼らに話しかけて、ひとしきり会話を楽しんだ後、老人のイメージについて聞いてみました。すると、「しわくちゃ」「入れ歯」「杖」「失禁」「顔にシミ」「息が臭い」「白髪」「ハゲ」「物忘れ」「曲がった背中」「いつも『あそこが痛い、ここが痛い』という」「徘徊」「すぐキレる」「同じことを何度も言う」「若い人にすぐに文句をいう」などという言葉が出てきました。ただひとり、優しげな顔立ちの中学生が「いつも寂しそうにしているので、かわいそう」という。

私はフランスと日本の高齢者に対するイメージの違いに思わず笑ってしまいました。日本では、高齢者自身も周囲も、年齢を重ねることをプラスに捉えていないようです。

フランスを去る前日に、修道会のパリの老人ホームの広い食堂の片隅で老神父（故人）と、ふたりだけの最後の会食をしたことがありました。そのときに、神父が老いについて次のように私に話したのが強く印象に残っています。

「**高齢期は、高齢者たちが自分のこれまでの人生を振り返りながら、その喜びと悲しみ、希望や不安を集大成しているとき。やがて神仏に迎えられることを思い、自分の一生が何だったのかを思いめぐらしているときなのです。老いは必然的に高齢者に身体能力の低下を感じさせます。しかし、それ以上に、老いは心の状態を変化させるのです。高齢者自身がいつも気をつけなければならないのは、生きる心がくじけてしまうこと。生きる喜びを失ったり生きる士気が低下したりすることです**」

老化の問題は見た目ではなく、心にあります。フランスのすべてが優れているというわけではありませんが、老いを肯定的に捉える文化は素晴らしいと思います。日本でもそんな考え方がもっと広がっていけば、中学生の高齢者に対して抱いている「いつも寂しそうにしているので、かわいそう」という印象も変わっていくのではないでしょうか。

老いの特権のひとつは、
自身の年齢以外に
あらゆる年齢を持って
いるということだ

L'un des privilèges de la vieillesse, c'est d'avoir outre son âge tous les âges.

第4章

老いて家族の有り難さを見直す

最後に頼ることができるのは家族

フランスの高齢者たちに定年後の生活に何を求めるかと聞くと、次の3つのことを挙げる人が多かったように思います。

第一に、家族、特に配偶者と一緒に多くの時間を過ごすこと。

第二に、日常的に自然の美しさや爽快さに触れながら、生きること。

第三に、社会的弱者のために奉仕活動をすること。

フランス人は家族を非常に大事にします。特に、老いを生きるときには、家族はかけがえのないものと考えています。フランスには、家族を讃える諺が多い。そのことからもフランス人の家族重視意識を感じることができます。

例えば、「**いかなる額の金銭もいかなる成功も家族と一緒に過ごした時間にまさる価値はない**」(Aucune somme d'argent et aucun succès ne vaut plus que le temps passé avec la famille)、「大きな幸福はすべて家族に関係したものである」(Les grands bonheurs sont les familiau)、「人の人生は家族から始まり、家族の愛情は決して尽きることは無い」(La famille, c'est là où la vie commence et où l'amour ne finit jamais) という諺です。

日本においても、家族は定年後の暮らしを豊かにする要となるのではないかと思います。定年後の家族との生活と聞いたときに、長年連れ添った配偶者との日常の穏やかな会話、子どもや孫が遊びに来たときに感じる喜びなどを思い浮かべる人は多いはずです。

しかし、現役時代から家族との時間を大切にしている人は多くありません。日本人は、現役時代には、社会の中で一定の役割を果たすために、「休む暇もなく」働きます。そのため、どうしても「家族よりも仕事」になりがちです。私自身も現役時代は毎日仕事に追われ、家族のことは一切妻に任せるような生き方をしてきたように思います。

しかし、定年退職を迎えると、当然ながら現役時代の職は無くなります。今後は、死ぬまで働き続けることが一般的になるかもしれませんが、今は職場で一生を過ごせる人はごく一部。

つまり、定年退職後に重要なのは、**「家族との生活の中に居場所を再発見しなければならない」**ということです。そのためには、家族の中で一定の役割を果たさなければなりません。具体的には、配偶者と家庭を運営するために必要な日常の仕事(広い意味での家事)を分担することです。

定年前のみなさんには、定年後の家庭のあり方と自分の役割についてもっと真剣

に考えてほしいと思います。フランスの夫婦は、男女の役割に関する既成観念にとらわれることなく、家族生活の中の役割分担を自由自在に適応させる柔軟な心をもっています。男女間の平等原則と夫婦愛がそれを支えているのです。

繰り返しになりますが、人間を最も幸せにするのは、「**人を愛し、人に愛されている**」という充実感です。その意味で、家族は、愛を与え、愛を得ることができる最も重要な生活の場なのです。

「世の中で最も美しい情愛は、家族の中で形成される（La plus belle amitié qui naît dans le monde est celle qui se forme au sein des familles）といったのは、フランスの作家・道徳家シャルル・ド・サンテーブルモン（1616－1703）です。

また、フランスには、次のような諺もあります。

「人生が私に与えた最良の贈り物、それは私の家族である」(Le plus beau des cadeaux que m'a offert la vie, c'est ma famille)

このような諺のように、お互いに、定年後を生きるときの自分の家族の有り難さを再認識し、もっと真剣に家族との生活と向き合いたいものです。

いかなる額の金銭も
いかなる成功も
家族と一緒に過ごした時間に
まさる価値はない

Aucune somme d'argent et aucun succès ne vaut plus que le temps passé avec la famille.

夫婦関係を豊かにすることが定年後の幸せを生む

近年、フランスでも、就職難を背景に、独り立ちできずに両親との同居を続ける若者が増えているそうです。子どもが家を出て自活できるようになると、親はホッと胸をなでおろす半面、寂しさを覚えます。

子どもたちが巣立った後の家庭で大切になるのが、夫婦の絆です。フランスの夫婦が定年後の生活とどう向き合っているか、その一例を紹介しましょう。

大手スーパー本社の企画部門でコンピューター処理などをしていたマルセル・デュラン氏。65歳で定年退職し、暇をもてあましていました。老後に少し贅沢するには資産的な不安もあり、再就職先を探しました。でも、キャリアを生かすことができそうな職場を見つけることはできませんでした。正直なところ、フランスでは日本ほど高齢者の再雇用が進んでいないのです。

「何もすることがない」と思われた日々は、デュラン氏を少しずつ苦しめていきました。「もう自分は社会に必要とされていないのか？　自分の技術や経験は世の中の役に立たないものだったのか？」。そのうちに、生きる意欲を失い、心身の不調を訴えるようになります。うつ病の症状を疑われ、病院に通いました。そんなデュラン氏に妻はこういったのです。

「今もらっている年金で十分暮らしていけるではありませんか。自分の知識や経験、技術を伝えたいと意気込んでも、再就職する会社で快く受け入れられるとは限りません。最先端の技術を身につけている若者たちから『時代遅れの老人』などと陰口をいわれたら、もっと辛くなるのではありませんか？　それに、これまで長い間、私を独りにしてきて、定年後も同じことを続けるおつもりなの？　私は、定年後はふたりで一緒にいろいろなことをして過ごすのを楽しみにしていました」

デュラン氏が自宅でインターネットによる販売ビジネスをしようと考えていると打ち明けても、妻は首を縦にふりませんでした。夫人は、デュラン氏とゆったりとした日々を過ごすことを望んでいたのです。しかし、デュラン氏の自己実現への欲求をすべて否定することはしませんでした。

「あなたの技術を後世に伝えたいと思うならば、貧しい家の子どもたちに無料でパソコンスキルやプログラミングを教えたらいかがでしょう？　子どもたちの将来にきっと役立つでしょう。それならば、私も協力します」といったのです。

デュラン氏は、この言葉で、妻ともっと向き合って生きていくことを決意したそうです。家族を犠牲にしなくとも、社会に対する自分の価値を実感することはできると気がついたのです。

その後、次の6つのことを夫婦でやっていこうと話し合いました。

第一に、毎週土曜日の午前中に近所の子どもたちのために無料のパソコン教室を開くこと。夫人は、子どもたちのためにクッキーを焼くこと。

第二に、晴れて気持ちがいい日には、お弁当を持って夫婦で散歩や遠足に出かけること。

第三に、週に1回はふたりでヨガ教室に通うこと。

第四に、ふたりで老人ホームを訪れて、高齢のいとこや他の老人たちの話し相手になること。

第五に、年に1回は、温暖な気候の南西フランスの海岸でバカンスを過ごすこと。

最後に、毎年クリスマスには娘夫婦や孫たちと一緒に過ごすこと。


夫婦ふたりでルールを決め、向き合う時間を意識的に設けることで、デュラン氏の心は少しずつ満たされていったそうです。定年後の生き方を示唆した妻に感謝していると私に語りながら、氏は涙ぐんでいました。

デュラン夫妻の自宅の台所には、こんな市販のポスターが貼られていました。

家族を作るための調理法

Recette De Famille

まず、あらゆる材料を揃える
Réunir tous les ingrédients

それらに愛情を多めに加える
Ajouter beaucoup d'amour

接吻と愛撫をふりかける
Saupoudrer de bisous et de câlins

笑いと楽しみを混ぜる
Mélanger du rire et de l'amusement

材料を数時間寝かせておく
Laisser reposer quelques heures

小さな問題を取り除く
Se débarrasser des petits problèmes

ユーモアを加える
Incorporer de la bonne humeur

利点と欠点を常に比較考量する
Toujours peser le pour et le contre

あらゆる機会をとらえる
Saisir toutes les opportunités

少々の忍耐でもって味つけをする
Assaisonner avec un zeste de patience

支援と助言を得て、食卓に出す
Servir avec l'aide et conseils

多くの友達と一緒に賞味する
Déguster avec plein d'amis

楽しい瞬間を堪能する
Se régaler des bons moments

分かち合う心を忘れない
Et ne pas oublier de partager!

夫人は、「ポスターは主人に毎日大きな声で朗読させるために貼ってあるのです」といって、大声で笑いました。

仕事や子育てに追われている現役時代は、夫婦で向き合う時間はなかなか取りにくいもの。定年後、新たなスタートを切るつもりで、夫婦で語り合い、夫婦のルールを作ってみてはいかがでしょうか。

日本の男性のために、そのようなルールの中には、「皿洗いをする」「ゴミ出しをする」「庭掃除をする」など、夫として分担すべきさまざまな家事を入れておくことを勧めたいと思います。定年後の家事の分担は、男性にとって生き方を変えるチャンス。家庭の中に役割を持ってこそ、男性は自分の居場所を確保することができるのです。

夫婦ふたりで
ルールを決め、
向き合う時間を
意識的に設ける

子どもと孫の成長を見守る幸せを噛みしめる

フランス人は、子どものしつけには非常に厳しい。何よりも自立心と人間の品性を重んじる国民性ですから、子どもたちは家庭で、弱者への配慮や服装、食事のマナー、礼儀作法などを徹底的に仕込まれます。

フランスの親たちは、文豪ビクトル・ユーゴの言葉「人間形成教育（しつけ）を施すのは家庭。一方、知的教育は国家がその義務を負う」（L'éducation, c'est la famille qui la donne; l'instruction, c'est l'État qui la doit.）に従って、行動します。

もちろん、ただただ厳しくするというわけではなく、子どもをとてもかわいがります。子どもを愛する姿勢は、万国共通といえます。

日本とフランスで明らかに違うのは、フランスでは子どもと一緒に過ごす時間を確保するために、仕事を早めに切り上げること。定時になったら帰宅し、子どもたちと一緒に夕食時を過ごすことがフランスの一般家庭では大切にされているのです。親が、バカンスをしっかり取り、子どもたちを自然豊かな場所に連れて行ったり、博物館や美術館に連れて行ったりする。フランスではそういう生活スタイルは一般的なものになっています。

日本では、ついつい仕事が優先されて、子どもと過ごすことが後回しになってしまいがちです。働き方が変わってきているとはいえ、日本の父親は、夜9時頃になってやっと帰宅するということも未だ多いでしょう。「働き方改革」を通じて、父親あるいは働く母親が家族と過ごす時間を大切にできる環境が整っていくことを期待したいものです。

高齢期を迎えると、親は子どもの中に自分たちの生きた証をいっそう見るようになります。できるだけ、子どもや孫の成長を見守りたいと願う気持ちも強くなります。子どもや孫の成長や活躍が、高齢者たちの生きる気力を高めるのです。

私自身は、忙しい現役時代から、特に海外では、子どもたちと過ごす時間を非常に大切にしました。外交官の仕事は、頻繁な転校、パーティ出席のための毎夜の親の留守など、子どもに大きな犠牲を強いる面があります。日本から随伴したベビィシッターがいたとはいえ、子どもたちにはずいぶん寂しい思いをさせました。その分、家族と過ごす週末の時間というものを大切にしていましたし、毎年の夏期休暇には長期間の家族旅行をしました。

また、英国、スイス、ブラジル、米国、デンマーク、タンザニア、イタリア、ブラジル（2回目）、カナダ、米国（2回目）、インドと、大体2、3年の周期で転勤しましたが、いつも子どもたちと一緒に暮らすことを原則としていました。

私たち親子5人は家族としてまとまりながら、海外生活の寂しさや苦難を乗り切りました。その一方で、高齢期にあった家内と私の両親には、非常に寂しい思いをさせたことを後悔しています。私自身は、病気の老いた両親を見舞うことも、死に目に会うことも、葬儀に出席することも叶いませんでした。どんな親でも、子どもと離れているのは寂しいものだと思うのです。

しかし、**フランスの高齢者たちは、自分たちにも成長した子どもたちにも独自の生活があると割り切って考えます**。また、子どもたちに自分たちを扶養、あるいは介護する義務があるなどとは考えていません。求めるものは、子どもや孫たちの愛情だけ。高齢者たちの面倒をみるのは、国及び地方公共団体の責任だと考えられているのです。

子ども世代が退職までして親の介護をしている日本の実情は、フランス人には到底理解できないことでしょう。

子どもと一緒に過ごす時間を
確保するために、
仕事を早めに切り上げること。
定時になったら帰宅し、
子どもたちと一緒に夕食時を過ごす

高齢期の死別の悲しみとどう向き合うか

高齢期に受ける最大の試練のひとつは、死別の悲しみでしょう。家族、特に配偶者との死別の悲しみは、高齢期の孤独感をいっそう深刻なものにします。親しい人の死は、生きる勇気や希望を完全に失わせるほどの打撃を与えるものです。

フランスの修道会の老人ホームでも、死別の悲しみに苦悩する多くの高齢者に出会いました。

ある仲の良い姉弟がレンヌの老人ホームに住んでいました。貧しい家庭に育ったために、教育を受ける機会、一生の仕事に就く機会、結婚する機会にも恵まれず、臨時仕事で得るわずかな収入だけを頼りに姉弟で生まれ育った家にひっそりと暮らしていたそうです。幸いにも、ふたりのことが修道女の耳に入り、老人ホーム（修道会の老人ホームには無収入の人でも入所できる）に収容されました。ふたりは、心配のない老人ホームの生活に常に感謝しながら、穏やかに暮らしていました。大食堂の一角にあるふたりだけの決まったテーブルで、いつもお互いをいたわるように静かに食事をしている姿が印象に残っています。

しかし、認知症を発症し始めていた姉（80代前半）がある日、急逝しました。すると、落胆した弟（70代後半）は急激に元気を失くし、1ヶ月後に自ら命のスイッチを切るかのように亡くなってしまいました。

高齢期には、配偶者や兄弟など親しい者が亡くなり、遺された一方がその数週間後に亡くなるといった例は珍しくありません。それほどまでに、親しい人の生死は生きる気力に影響を与えるのです。

死別の悲しみは、感情を抑制せずに、嘆き、悲しみを表現する方がよいといわれています。しかし、問題は、そもそも高齢者には、死別の悲しみに耐える体力や気力が残っていないということ。打ちひしがれる高齢者の支えになるのは、家族や友人などの存在です。修道会では、そうした喪失感に苛まれる高齢者たちを修道女やボランティアの人々が支えていました。

修道女たちは、死別の悲しみに苦しむ高齢者たちに、コンスタンティノープルの大司教聖ジョン・クリストム（347－407）の言葉をよく言い聞かせていました。

「我々があれほど愛したあの人は、我々が失ってしまったあの人は、もう前にいた場所にはいません。しかし、これからは、その人は、我々がどこにいても、いつも我々がいるところに必ず一緒にいてくれます」

また、私が心の師と仰いでいたイエズス会の神父を亡くしたときには、ある神父がこんなことをいって悲しむ私を慰めたことがありました。

「神は故人の身体を取り去りました。しかし、永久に残る良い思い出を残しておくように配慮された。だから、これからは思い出を大事に、生きなさい」

これらの言葉が死別の悲しみに沈む高齢者のみなさんの心を少しでも慰めるように祈っています。

我々があれほど愛したあの人は、
我々が失ってしまったあの人は、
もう前にいた場所にはいません。
しかし、これからは、その人は、
我々がどこにいても、
いつも我々がいるところに
必ず一緒にいてくれます

老老介護をどう乗り越えるか

日本は高度に進んだ少子高齢化社会。多くの高齢者が自分自身だけでなく、長い間苦楽を共にしてきた伴侶の老いも感じながら生きています。すべての高齢者が老人ホームで介護を受けることができるわけではありませんので、日本では、高齢者が自宅で高齢の伴侶の介護をするという「老老介護」が増えているという現状があります。

フランスは、近代的な老人ホームが世界ではじめて誕生した国です。そんな高齢者介護の草分け的な存在であるフランスには、高齢者介護の優れた伝統(技法と心)

があります。日本の方にも参考になると思いますので、高齢者と向き合うときの「介護の心」についてご紹介します。

①介護は「介護する人と介護される人が一緒に生きる」こと

修道会の老人ホームで働く修道女たちは、介護を「介護する人と介護される人が、一緒に生きるということだ」と捉えていました。つまり、介護は、障がいのある人に伴走しながら、一緒に生きるということなのです。

②高齢者と向き合う修道女の人間愛

高齢者と向き合う修道女たちの心は常に次の12の教えに支えられています。

（1）高齢者を人間として尊重する
（2）高齢者を理解する
（3）高齢者を心底から受け入れる

(4) 高齢者に寛容な態度で接する
(5) 高齢者の声に真剣に耳を傾ける
(6) 高齢者のいうことを聞いて、自分自身を改めることができる広い心を持つ
(7) 高齢者の信頼を得る
(8) 高齢者をいつも優しいまなざしで見て、微笑しながら世話をする
(9) 高齢者の言い分を聞いて、もう一度やり直す謙虚な心を持つ
(10) 高齢者に誠意を持ってすべてのことをよく説明する
(11) 高齢者に惜しみなく与える
(12) 高齢者を常に許す寛大な心を持つ

これらの教えが意味するのは、深い人間愛と尊敬の心をもって高齢者を介護するということ。修道会の老人ホームでは、**「介護の技術」以上に「介護の心」というものが重視されていました。**介護を受ける高齢者は、孤独で常に人間愛を求めていま

す。高齢者は、自分の人間としての尊厳が守られることを望んでいます。

修道会の老人ホームで私が経験した老老介護は、実に大変な仕事でした。１８０センチを超える大柄な高齢者を支えるような重労働があったり、排泄の世話をしたりしました。また、認知症の周辺症状の悪化している高齢者から罵倒されたり暴力をふるわれたりすることもありました。

日本では、老老介護の過酷さに耐えかねて、体を壊し、命を縮めてしまう高齢者、精神的に追い詰められて、一緒に死ぬことまで考えてしまう高齢者が後を絶ちません。

しかし、私は老老介護に日夜奮闘している日本の高齢者仲間に申し上げたい。「ひとりで無理をせず、地方自治体やＮＧＯや地域の援助を求めてください。精一杯の介護をしてください。そして、愛する伴侶に伴走する形で、一緒に生きてほしい」と。そうすれば、伴侶の最期を看取ったときに、「自分としては、できることをやりきった」という救われた気持ちになるに違いありません。

③ 人間愛に基づく介護「ユマニチュード」

「ユマニチュード」(Humanitude)が、フランス発の認知症の高齢者の介護技法として日本で注目されています。技法は認知症患者の周辺症状の改善に効果があるとされています。ユマニチュードは1980年以降に生まれた新造語であり、「人間愛に基づく介護」と訳すことができるかと思います。この介護技法を集大成したのは、フランスのふたりの体育教師であるとされています。

いずれにしても、ユマニチュードは、単なる「介護技法」ではなく、介護の「心」や「精神」を問うものです。これは、この修道会が19世紀半ばに創設されて以来、高齢者と向き合う修道女たちが当然のこととして行ってきたことなのです。その心とは、どんなものなのでしょうか。3つのポイントを指摘できると思います。

1つ目に、社会的弱者である高齢者たちを独立の人間としてその尊厳を大事にすること。年とともに、身体が不自由になったり、認知症を患ったりすることは、避けて通れません。その中で、人の手を借りなければ生活できなくなることもあるでしょう。相手がどんな状態になっても、最期まで独立の人間として尊敬することがユマニチュードの精神です。

2つ目に、高齢者たちに人間愛をもって接すること。優しい眼差し、優しい手つき、優しい心をもって、高齢者を介護します。

3つ目に、高齢者を寝たきりの状態にしないこと。寝たきりは、高齢者から生きる喜びを奪い、心身機能を劇的に低下させてしまいます。

こうしたユマニチュードの心は、「見る」「話す」「触れる」「立たせる」の具体的な行動により表現されます。

「見る」ことは、認知症の高齢者と向き合うときには、必ず顔の高さで相手の目を正面から優しく微笑みながらじっと見るという行動です。欧米人は話をする際に、必ず相手の目をじっと見ます。彼らは、目を見ることで、善意や友情を表現しようとします。自分の目を見ないで話をする相手には警戒します。介護の世界でも、親愛の気持ちを伝えるのにアイコンタクトは非常に有効な手段なのです。

「話す」ことは、起き上がらせる、食事を口に運ぶなど高齢者のために何かをしようとするときには、そのことをあらかじめ優しく告げるということです。そして、相手の同意を得てから行動を起こすことが重要なのです。

「触れる」ことは、手や背中など相手の体の一部に優しく軽く触れることを指します。フランスをはじめとする欧米諸国などには、友愛の印としてハグや握手を頻繁に行う文化がありますから、親しみを込めた節度のある身体的接触の重要性はよく理解されているのです。つまり、何かをするときに、「必要に基づく接触」を「優しさのある接触」に変えるということ。

「立たせる」ことは、高齢者たちを寝たきりの状態にしないということ。寝たきりにさせてしまうと、身体機能の低下を招くだけでなく、外に出て自然を楽しんだり人との何気ない交流をしたりする機会を失ってしまいます。

ユマニチュードを介護の軸とすることで、これまで『**作業**』**として行われてきた介護業務が**「**介護する人間と介護される人間の間の心を交わせる優しさの溢れたコミュニケーション**」**に変わっていくはずです。**介護を受ける側の高齢者は、愛情表現に飢えています。ユマニチュードの「見る」「話す」「触れる」「立たせる」が優しい眼差し、優しい手つき、優しい心で実践されるならば、介護される高齢者の生きようとする意欲を高めるでしょう。

そして、「人に愛されている、人を愛している」と感じると、人は元気を取り戻していきます。フランスでは、こうした介護を受けて、心身機能をかなり向上させた高齢者を私は何度となく見てきました。

④ フランスの介護者の心を支える祈りの習慣

フランスの介護者も、特に認知症の高齢者を相手にしながら、苦労し、悩みます。修道会の老人ホームで働く修道女や介護職員とて例外ではありません。私自身もそうでしたが、老人ホームの医師や修道女から認知症に関する詳しい医学的知識を与えられてからは、相当楽になりました。

もうひとつ私が発見したことがあります。修道女であれ、介護職員であれ、フランスの介護者を精神的に支えているのは、日常的な祈りの習慣です。フランスの介護者は、介護をしているときに何か問題が生じると、すぐに感情的に反応するのではなく、ひと呼吸おいて、祈り、そして平静さを取り戻そうとしていました。

介護で苦労されている人たちは、何か起きたときには心の中で神仏に助けを求めて祈る心の余裕を持つとよいかもしれません。そうすれば、神仏はおっしゃるでしょう。『よくやっている。これからも体に気をつけて最善を尽くすように』と。

特定の宗教を信じる、あるいは信じないに関係なく、「祈りのある日々」は人々の気持ちを救うのではないでしょうか。

介護にあたる修道女たちが常時どんな祈りを捧げていたのか、そのひとつを紹介しましょう。

生命の泉、あらゆる癒しの源である神よ、病める者に奉仕するわれら介護者を祝し、導きたまえ。

われわれすべての者が人生において闇の時と光の時を交互に過ごすことを忘れないようにしましょう。

そして、闇が降りたときにはお互いのためにわれわれがその光となりますように。

われわれ（介護者）の両手を優しさに溢れたものにしてください。

われわれ（介護者）の眼差しを柔らかなものにしてください。

われわれ（介護者）の心の窓を開いてください。

神の恩寵と愛と親切さがわれわれ（介護者）の両手と眼差しと心の窓を通じて、光り輝き出しますように。

われわれ（介護者）の心遣いが病める人たちの心身の癒しのための安全なよりどころになるようにしてください。

神よ、われわれ（介護者）を常にあなたの慈愛に満ちあふれた者に再生してください

出典：〈貧しい人たちの小さな修道女たち〉修道会の『介護者の祈り』賀来訳

⑤苦しむ高齢者の中に神仏の姿を見る

修道女たちは「**高齢者の中に神の姿を見ながら介護をする**」とよくいっていました。これは修道会の創始者聖ジャンヌ・ジュガンの教えに基づくものです。聖ジャンヌ・ジュガンは次のようにいっています。「**高齢者たちを良く介護しなさい。あなたたちが世話しているのは、高齢者の中におられる主イエス・キリスト（神の子）**

なのです」

路上生活者の救済に一生を捧げたフランスのピエール神父（1912-2007）は、同じことを次のような言葉で言っています。

「神は貧しい人々、弱い人々のひとりひとりの中に生きておられるのです。そうして、神は言われるのです。なぜ私を見捨てられたままにしておくのだ」と。

ちなみに、キリストは「おまえたちが最も苦しむ者にしたことは、私のためにしたことである」といっています（マタイ伝第25章40節）。日本では「死ぬと仏様になる」というぐらいですから、われわれ日本人にも苦しむ高齢者の中に神仏の姿を見ることは難しいことではないのかもしれません。

いずれにしても、日仏の間にはそれぞれの歴史の中で培われてきた精神文化や宗教観の違いはもちろんありますが、高齢者介護の心に関しては、「近代の老人ホームとユマニチュードの誕生したフランス」から学ぶことは多いのではないでしょうか。

高齢者たちをよく介護しなさい。
あなたたちが世話しているのは、
高齢者の中におられる
主イエス・キリスト（神の子）なのです

第5章

老いの試練を受けながらも人生を最後まで楽しもう

体の老いと心の老いは違う

ベルギーの作家であるジャン・クロード・ピロット(1939－2014)は「老いには年齢はない」(La vieillesse n'a pas d'âge)と言っています。つまり、人の顔と心に皺ができる年齢はまちまちということです。例えば、60歳で「年をとっている」と見える人もいれば、85歳になっても「年をとっている」と見えない人もいます。チェコの作家フランク・カフカ（1883－1923）は「幸福は老いを忘れさせる」(Le bonheur supprime la vieillesse〔原文はドイツ語、上記はフランス語訳〕)といっています。

とはいえ、高齢期の後半には、多くの高齢者はさまざまな試練を受けます。

まず、心身能力の衰えです。自由のきかなくなった手足の痛みです。若いときには、病気や怪我をしたときにしか感じなかった痛みや苦しさを始終感じるようになります。

ジャン・ドゥラクール（1890‐1985　フランスの鳥類学者）は、少々卑猥で辛辣なことを言っています。「若さと老いの違いはこういうことだ：若いときには4つの柔軟な肢体（手足）と硬直したもうひとつの肢体を持っている。ところが、高齢になると、4つの硬直した肢体（手足）と柔軟なもうひとつの肢体を持つことになる」（La différence entre la jeunesse et la vieillesse :la première a quatre membres souples et un raide ; la seconde, quatre membres raides et un souple）

次に、五感が鈍くなります。物事をよく忘れる。新しいことがよく記憶できない。

さらに、配偶者との死別の悲しみがあります。生きながら、たびたび死を意識するようになるのです。

あれやこれやとさまざまな試練を味わいながら、多くの高齢者は「**老いを生きるのは人間の生きることの内で一番難しい**」（ローマ教皇ヨハネ・パウロ2世）ことをつくづく感じるようになります。

そこで、同時に心まで老いると、「**意味の危機**」を迎えることがあります。日本人は、すぐに悲観する傾向がありますし、先述した通り、人に苦しみを打ち明けにくい。そのため、苦悩をひとりで抱え、「意味の危機」に陥りやすいように思います。「もう死んでしまいたい」。そんなことを思ってもおかしくありません。

私は、そんなふうに「意味の危機」を感じている高齢者に対して、「**時間に対する新しい姿勢**」**を身につけてほしい**と思っています。

ジャン・ノアン（1900－1981　仏作家・作詞家）は、「若い世代は生きる空間を求める。高齢者世代は生きる時間を求める」（La jeunesse veut l'espace : la vieillesse, le temps）と言っていますが、日本では、定年直後の人は、むしろあり余る時間を生きるための空間（居場所）は求めます。

しかし、幸いなことに、年を重ねていきながら、高齢者は「時間に対する新しい姿勢」を身につける力があります。それは、**「時間が早く過ぎて行く」**と感じる中、生きている各瞬間を一層楽しむことができる力です。以前は見過ごしてきた日常生活の小さなことに喜びを感じ、感謝することができます。ちょっとした人間同士のふれ合い、自分を取り囲む自然の神秘的な美しさに感じ入ることができるのです。

フランスのわが親友故ルネ・ペルシェ氏は、始終、「年をとるということ、それは生きるということだ。年をとりながら、生きる喜びを見つけましょう」（Vieillir, c'est vivre. Trouvons la joie de vivre en vieillissant）と、口にしていました。**年を重ねることに、私たちは生きる喜びを一層感じる力を得るのです。**

年をとるということ、
それは生きるということだ。
年をとりながら、
生きる喜びを見つけましょう

Vieillir, c'est vivre. Trouvons la joie de vivre en vieillissant.

死にいたる重病を宣告されたときにどう生きるか

高齢者の受ける最大の試練のひとつは、がんなどの「死にいたる重病」の宣告を受けることでしょう。大抵の高齢者は大きな衝撃を受けます。しかし、淡々と受け止める高齢者も少なくありません。

私自身は、ある日腹部にしこりのあるのを感じ、病院で精密検査を受ける前に、がんだと確信しました。そのときに何も感じなかったといえば嘘になりますが、特別に大きな衝撃を受けたという記憶はありません。不思議なことに、実に淡々と「来るものが来た」と現実を受け入れたように思います。

しかし、「あとどれだけ生きられるだろうか」と余命に対する大きな関心というか不安はありました。生きる喜びを感じていましたし、まだやりたいことがあったからです。毎年フランスでボランティアをすることができなくなると思ったときには、とても悲しくなりました。

現在、私のがんは投薬治療で、一応「寛解《かんかい》」しました。とはいえ、いつも心のどこかに再発の不安を感じながら生きています。

しかし、不思議なことに、私は**がんを宣告される前の生活よりも今の生活に一層の充実感を得ています**。過ぎていく一刻一刻を有意義に、楽しく、穏やかに、ゆったりと生きようとする気持ちが強くなっているからでしょう。つまり、私はがんを患って「**再度の時間に対する新しい姿勢**」を身につけたのです。

フランスでは、がんを生きる多くの高齢者たちに出会い、その美しい生き方に接しました。それが私の今の気持ちを支えています。

例えば、私の親友の故ルネ・ペルシェ氏は、前立腺がん、皮膚がん、糖尿病、心臓病を同時に患いながら、90歳までレンヌの老人ホームでボランティアをしていました。妻を失くしたあとのひとり暮らし。子どもや孫は遠く離れたパリやストラスブルグに住んでいました。でも、彼は、いつも穏やかで、親切で、ユーモアに溢れていました。

フランスの高齢者たちに重病を告げられたときの気持ちはどうだったかと聞くと、次のような答えが返ってきました。

「最初はショックを受けたが、すぐに残された時間を最後まで穏やかに生きようという気持ちになった」

「可能な限り治療を受けたいが、病気を治すことだけが生きるための唯一の目的になるような生き方だけはしたくないと思った」

「副作用や苦痛の多い治療を選ぶか、それとも『生活の質』を選ぶかと聞かれたときには、迷わずに後者を選んだ。家族の意見も一応聞いたが、最終的には自分で決めることであるので、自分で決めた。私自身の人生だからです」

修道会の老人ホームでは、余命数ヶ月の多くの高齢者の世話をよくしました。そうした高齢者は、静謐な雰囲気の中、実に穏やかに威厳をもって暮らしていました。

ある年、日本に帰る当日に、私は毎日世話をしていたがんを患った84歳の男性のところに挨拶にいき、「これから日本に帰ります。どうぞお元気で」と伝えました。すると、彼は「来年いらっしゃる時には、私はもうこの世にはいないでしょう。感謝の抱擁をさせてください」と穏やかにいいました。そして、抱擁の後、彼は目を潤ませながらも、親指を上に向けたり下に向けたりしながら「では、上（天国の意）でお会いしましょう。あるいは、下（地獄の意）になるかもしれませんが」と冗談をいうのを忘れませんでした。

なんという軽妙で温たかい別れの言葉でしょう。**覚悟を持って病気と共生しながら、最期の日まで穏やかな心で、自信と威厳をもって、生きようとしている。**だからこそ、そんな別れの挨拶を交わすことができるのだと思いました。私の帰国した2ヶ月後に、彼は84歳の生涯を終えました。

「人生は美しい」(La vie est belle)。**心の持ち方次第で、人は誰もがその美しさを最期まで紡ぎだすことができる。**そのことを私に教えたのはフランスの高齢者たちでした。

人生は美しい。
心の持ち方次第で、
人は誰もがその美しさを
最期まで紡ぎだすことができる

日本の高齢者仲間に伝えたいこと

フランスの高齢者は、日本の高齢者と同様、心身の衰えや重病、配偶者との死別の悲しみ、孤独感、苦しい過去の記憶など、さまざまな「老いの試練」を味わっています。しかし、文化や国民性や人生観や宗教観が違うせいか、フランスの高齢者たちが老いと向き合う姿勢からは非常に前向きなものを感じます。自分自身の人生だから、自由な選択に従って、楽しく、有意義に、心穏やかに、威厳をもって、まっとうしたいと思う気持ちが強いのです。

フランスの高齢者は、「**年を重ねたからこそ見える人生の素晴らしい景色がある**」ことをよく知っています。いたわり合う老夫婦だけの穏やかな生活、日常生活の小さなこと、周囲の自然の爽快さと美しさ、子どもや孫との家族愛の絆、友人との友愛の絆などの中に、生きている喜びを感じようとします。生きていること自体に感謝する気持ちが強いのです。

高齢者を取り巻く周囲の人々も、高齢者たちの人間としての尊厳を非常に大切にします。そして、苦しみや不安を抱えている高齢者に対して、人間愛をもって、礼儀正しく接します。**フランスには、高齢者に優しい成熟した市民社会が出来上がっています。**

フランスの高齢者たちは自分自身の老いをこよなく愛します。そして、それを大事に、楽しく、有意義に生きる彼ら彼女らの姿には、感動的な人間味が感じられるのです。

私は、人生の最終段階で、多くの同世代のフランスの友人を得たことを非常に幸せに思っています。本書でお伝えしてきた、フランスの高齢者から学んだことは、不安に駆られるとき、孤独を感じるときに、老いを生きる今の私の心を支えています。

フランスの高齢者たちについての私のこの小さな物語が、同じく老いを生きる日本のみなさんの何かの参考になれば、望外の喜びです。

最後に、再びフランスの国民的文豪ビクトル・ユーゴの言葉を。

「老いについてよく理解すれば老年期は希望の年代になる」(La vieillesse bien comprise est l'âge de l'espérance)

「何もしないのは、子どもには幸福であるが、老人には不幸である」(Ne rien faire est le bonheur des enfants et le malheur des vieillards)

老いについて
よく理解すれば
老年期は
希望の年代になる

La vieillesse bien comprise est l'âge de l'espérance.

おわりに

20数年前にフランスのカトリック女子修道会「貧しい人たちの小さな修道女たち」が運営するインドのムンバイの老人ホームにおいて高齢者介護のボランティアを始めたのは、恵まれない高齢者たちのために、自分の時間と手を使って何かをしたいという素朴な気持ちからでした。

その頃までに、私は、社会をもっぱらその底辺と周縁から見るという低い視点を手にいれていたように思います。世の中を底辺と周縁の視点から見るというのは、私には、貧しい人々、心身に障がいのある人々、高齢者、女性、子ども、社会的少数者、性的少数者など社会的弱者の目線で、世の中を見直すということを意味しました。正直、それをどの程度実践できていたかは、自信はありません。でも、利己心や虚栄心から解放された謙虚さというものを人間の最も重要な徳だと考えるようになっていたのはたしかでした。

老人ホームでのボランティア活動は、私に新たな生きる喜びを与えてくれたように思います。２００６年に修道会の本部のあるフランスでボランティアを再開したときには、私自身は高齢者になり、さまざまな老いの負担というか老いの試練を感じ始めていたのです。フランスの各都市にある修道会の老人ホームでの私の奉仕活動は、まさに日本で「老老介護」と呼ばれるものだったように思います。私にとってボランティア活動は、フランスの老人たちの世話をしながら、一緒に自分自身の老いを考え、私自身の老いを生きることを意味しました。フランスでのボランティアは、私にとって日本における老いを見つめ介護の問題をもっと深く考える強い動機付けにもなりました。

さらに、私は、フランスの老人ホームでボランティアをしながら、定年後を生きる多くのフランスの高齢者（ボランティア）とその友人仲間と親しく交流しました。フランスの高齢者たちの家庭を訪問することも始終ありました。フランスのこれらの高齢者たちは、その生きる姿を通じて、定年後と老いの生き方について、実に多くのことを私に教えてくれたように思います。これらのフランスの高齢者たちのお陰で、私は今、心豊かに老いを生きることができると思い、感謝しています。

フランスでの私のボランティ活動は、２００６年から２０１６年まで10年間続きました。最後の2年は、２ヶ月近いボランティアの終わりになると、相当な心身の疲労を感じるようになっていました。老人ホーム専属の医師の世話になったことも一度や二度ではありません。２０１６年になってがんが見つかり、治療のためにフランスでのボランティアを断念せざるをえなくなりました。「死ぬまで続けるのだ」と意気込んでいましたので、今でも無念な気持ちはあります。

これからは、ますます老いの試練と負担を感じながら、私自身の人生の最後の日々を忍耐強く、静かな祈りの内に、心穏やかに生きていきたいと思っています。フランスの高齢者たちが私に与えた教訓は、残された日々を生きていくときに、私の心の支えとなり老いの生き方の参考になることでしょう。

10年間にわたって毎年2ヶ月という長期間日本を留守にしてフランスでボランティアを行うことに理解を示してくれた家内と子どもたちに心から感謝したい。

本書の発行に際して大変なご支援をいただいた文響社の大橋弘祐氏に衷心より感謝申し上げたい。

毎年レンヌの老人ホームで一緒にボランティアをしたフランスのわが親友故ルネ・ペルシェ氏と『貧しい人たちの小さな修道女たち』にこの拙著を捧げたい。

平成30年夏、蓼科の山荘にて

賀来弓月（かく・ゆづき）

1939年愛知県生まれ。1960年外交官上級試験合格、1961年名古屋大学法学部卒、外務省入省、英オックスフォード大学大学院留学(外務省在外上級研修員)。本省では、国連局、欧亜局、経済局に勤務。海外は、英国、スイス(ジュネーブ)、ブラジル(2回)、米国(2回)、デンマーク、タンザニア、イタリア、カナダ、インド(2回)などに勤務。外務省在職中に米国東西センター（米国議会設置シンクタンク）に出向(客員上席研究員及びセンター所長特別顧問)。外務省退職後、清泉女子大学非常勤講師、NPO法人アジア近代化研究所特別顧問。ローマン・カトリック。主な著書は『内なるものと外なるものを一多文化時代の日本社会』（日本経済評論社、2001年)『死別の悲しみを癒す本』(PHP研究所、2000年)、『インド現代史』（中公新書、1998年）『地球化時代の国際政治経済』（中公新書、1995年)。

60歳からを楽しむ生き方

フランス人は「老い」を愛する

2018年　12月　18日　第1刷発行

著者　賀来弓月
装丁　石間淳
装画　鬼頭祈
本文デザイン　小木曽杏子
編集協力　佐藤智
発行者　山本周嗣
発行所　株式会社文響社
〒105-0001　東京都港区虎ノ門2-2-5 共同通信会館9F
ホームページ　http://bunkyosha.com
お問い合わせ　info@bunkyosha.com
印刷・製本　三松堂株式会社

ISBNコード：978-4-86651-110-8　Printed in Japan

この本に関するご意見・ご感想をお寄せいただく場合は、郵送またはメール(info@bunkyosha.com)にてお送りください。